U0507351

智慧旅游理论与实践研究

孙云超◎著

全国百佳图书出版单位
吉林出版集团股份有限公司

图书在版编目（CIP）数据

智慧旅游理论与实践研究/孙云超著.--长春：
吉林出版集团股份有限公司,2023.6
ISBN 978-7-5731-3808-8

Ⅰ.①智…Ⅱ.①孙…Ⅲ.①旅游理论－研究Ⅳ.
①F590

中国国家版本馆CIP数据核字(2023)第132070号

ZHIHUI LÜYOU LILUN YU SHIJIAN YANJIU

智慧旅游理论与实践研究

著　　者：孙云超
责任编辑：欧阳鹏
封面设计：冯冯翼
开　　本：710mm×1000mm　1/16
字　　数：225千字
印　　张：12
版　　次：2023年6月第1版
印　　次：2023年6月第1次印刷

出　　版：吉林出版集团股份有限公司
发　　行：吉林出版集团外语教育有限公司
地　　址：长春市福祉大路5788号龙腾国际大厦B座7层
电　　话：总编办：0431-81629929
印　　刷：长春新华印刷集团有限公司

ISBN 978-7-5731-3808-8　定　　价：72.00元

前　　言

　　智慧旅游是旅游信息化的最新发展，是基于智慧地球与智慧城市基础上提出的概念。它是以物联网、云计算、移动通信、智能终端、信息资源共享等新一代信息技术为支撑，主动感知旅游资源、旅游经济、旅游活动、旅游者行为等方面的信息，对信息资源进行最大限度的开发利用，以更加及时、准确、智能的方式为游客、旅游企业、旅游管理部门提供各种信息化应用和服务。

　　智慧旅游作为以信息化带动旅游业向现代服务业转变的重要途径，已经被公认为是把旅游业培育成现代服务业的关键。智慧旅游作为旅游业发展运营的一种新模式，是游客市场需求与现代信息技术驱动旅游业创新发展的新动力和新趋势，既是全面提升旅游业发展水平，促进旅游业转型升级，提高旅游服务满意度的重要切入点，又是把旅游业建设成为国民经济的战略性支柱产业和人民群众更加满意的现代化服务业的战略选择。因此，智慧旅游的发展具有十分重要的意义。

　　在本书的编写过程中，笔者参阅了国内外大量的相关教材、著作和论文，参考了很多专家、学者的观点，在此一并表示深深的感谢！由于笔者水平所限，加之时间仓促，书中难免存在不足之处，恳请各位专家和读者批评指正，多提宝贵意见，以便再版时修改，使本书日臻完善。

2023 年 4 月

目　　录

第一章　智慧旅游的基础理论

第一节　智慧旅游的概念与特征

智慧旅游是基于新一代信息技术，为满足游客个性化需求，提供高品质、高满意度的服务，从而实现旅游资源及社会资源的共享与有效利用的系统化、集约化的管理变革。从内涵来看，智慧旅游的本质是指包括信息通信技术在内的智能技术在旅游业中的应用，是以提升旅游服务、改善旅游体验、创新旅游管理、优化旅游资源利用为目标，增强旅游企业竞争力、提高旅游行业管理水平、扩大行业规模的现代化工程。智慧旅游是智慧地球及智慧城市的一部分。

可以从以下方面来理解智慧旅游的含义。智慧旅游的技术基础是新一代信息技术，如云计算、互联网技术等，这种技术会不断地发展和完善，没有一种特定的技术可以一成不变地存在。发展智慧旅游的目的在于提供个性化的服务，这种服务可以是公共服务，也可以是企业服务，总之是为了满足旅游者的个性化需求，这里突出了服务的品质，即高品质、高满意度的服务。智慧旅游是对社会资源的共享和有效利用，是一种系统化和集约化的管理变革。技术的运用、服务的供给，都存在于这场变革之中。

一、相关概念辨析

智慧旅游与智能旅游、数字旅游、虚拟旅游和旅游信息化等存在明显差别。张凌云分析了智慧旅游与旅游信息化的区别与联系，提出了智慧旅游建设的三个主要目的：满足海量游客的个性化需求，实现旅游公共服务与公共管理的无缝对接，为企业（尤其是中小企业）提供服务。李梦论证了智慧旅游与旅游信息化的内涵、发展及互动关系，认为旅游信息化是智慧旅游发展的基石，智慧旅游是旅游信息化的延续。丁风芹分析了智慧旅游和数字旅游的关系，认为智慧旅游是基于数字旅游进行的各类旅游项目的信息化平台建设。迟紫镜认为旅游业经历了长期的发展过程，分别是信息化、数字化和智能化。叶铁伟认为中国旅游信息化经历了三个阶段：专业化阶段、建设数字旅游和数字景区阶段、智能化阶段。王兴斌认为智能化包含在信息化和数字化的进程之中，或者是信息化和数字化的延伸，在此基础上，从技术运用和旅游服务的角度，认为旅游智能化的提法更为妥帖。聂学东对数字旅游、虚拟旅游、智慧旅游进行了比较研究，得出了三者终极目标相同、研究路径相似，时代背景不同、核心技术不同、倡导主体不同、学科出发点不同、侧重点不同等结论。李云鹏从信息服务的视角，认为智慧旅游比智能旅游更能体现旅游业的特性和旅游者的需求特点。

目前对智慧旅游相关概念的论述，主要集中在智能旅游、数字旅游和旅游信息化，对虚拟旅游的研究略显不足。同时，相关概念的侧重点、特征内涵、核心技术、主要应用和实现方式等各不相同：数字旅游侧重于旅游信息数据的集成，智能旅游侧重于科学技术在旅游业的应用，虚拟旅游侧重于旅游场景的空间展示，旅游信息化则是信息技术在旅游业应用的一种状态，既可以是初级的应用，也可以是高级的发展。智慧旅游是旅游信息化的高级阶段，包含了数字技术、智能技术和虚拟技术等，是数字旅游、智能旅游和虚拟旅游的综合，因而智慧旅游更能够体现出旅游业发展的理论与实践。

（一）智慧旅游与旅游信息化

智慧旅游与旅游信息化既有区别又有联系。信息化是指充分利用信息技术，开发利用信息资源，促进信息交流和知识共享，提高经济增长质量，推动经济社会发展转型的历史进程。旅游信息化，从狭义上讲是旅游信息的数字化，即把旅游信息通过信息技术进行采集、处理、转换，能够用文字、数字、图形、声音、动画等来存储、传输、应用的内容或特征；从广义上讲是指充分利用信息技术，对旅游产业链进行深层次重构，即对旅游产业链的组成要素进行重新分配、组合、加工、传播、销售，以促进传统旅游业向现代旅游业的转化，加快旅游业的发展速度。因此，信息化与旅游信息化既是过程也是结果，对过程的理解侧重于实现信息化的过程，而对结果的理解则侧重于"信息化"的结果。然而，由于信息技术的不断发展，信息化在实践中更侧重于是一个随着信息技术的发展而不断进行的过程。智慧旅游则可理解为旅游信息化的高级阶段，其并不是旅游电子政务、旅游电子商务、数字化景区等用"智慧化"概念的重新包装，而是要能够解决旅游发展中出现的新问题，满足旅游发展中的新需求，实现旅游发展中的新思路以及新理念。为此，智慧旅游的建设目的集中于三个方面。

一是满足海量游客的个性化需求。日渐兴盛的散客市场使得自助游和散客游已经成为一种主要的出游方式。未来散客的市场份额将不断扩大，因此对于更加便利快捷的智能化、个性化、信息化的服务的需求将不断扩大。

二是实现旅游公共服务与公共管理的无缝整合。随着电子政务向构建服务型政府方向发展，旅游信息化的高级阶段应是海量信息的充分利用、交流与共享，以"公共服务"为中心的服务与管理流程的无缝整合，实现服务与管理决策的科学、合理。

三是为企业（尤其是中小企业）提供服务。中小旅游企业的信息化水平不高，在智慧旅游的建设过程中如何吸引中小旅游企业加快信息化进程是目前各智慧旅游试点省市在实践中遇到的难点问题。基于云计算的智慧旅游平台能够向中小旅游企业提供服务，为其节省信息化建设投资与运营成本，是中小旅游企业进行智慧旅游集约化建设的最佳方式。

数字化是将许多复杂多变的信息转变为可以度量的数字、数据，再以这些数字、数据建立起适当的数字化模型，把它们转变为一系列二进制代码，引入计算机内部，进行统一处理。旅游数字化的过程就是将旅游相关的数字和数据进行集成，然后建立旅游数据库和数字化模型，实现对这些数据的运用。智慧旅游是将一系列的数字和数据加以利用，其在利用的过程中，通过一定的智能设备和终端，实现便捷化、人性化和综合化运用。

智能化和数字化相比，主要具有以下特点。

一是数字化是固定的，而智慧旅游是灵活的。数字化是数据的简单的集成，通过这些数据形成一定的模型，这个模型是固定的，是没有"生机"的；而智慧旅游则是一系列的技术和人工的组合，技术因为人工智能而灵动，人工智能因为技术而先进。数字化是智慧旅游的基础。

二是数字化是单体的，而智慧旅游则是多重要素的集成。数字化只能对其本身具有的要素进行整合和运用，而智慧旅游则可以实现对各种要素的充分整合和运用。数字化是智慧旅游的有机组成部分。

（二）智慧旅游与虚拟旅游

虚拟化是指计算机原件在虚拟的基础上而不是真实的基础上运行。虚拟化技术可以扩大硬件的容量，简化软件的重新配置过程，从而使得新资源的配置过程不受现实、地理位置和底层资源的限制，因而它是一个逻辑视图而不是一个物理视图。虚拟旅游是指建立在现实旅游景观的基础上，运用虚拟现实技术，通过模拟或实景再现，构建一个虚拟的三维旅游环境，使得人们通过网络就可以在虚拟的旅游环境中饱览旅游风光。这种虚拟旅游的方式能够使人们看到生动逼真的旅游景观，仿佛置身于旅游环境一样。虚拟旅游是虚拟旅游平台技术的应用范围之一，应用计算机技术实现对旅游实景的模拟，使操作者仿佛身临其境般感受到旅游景观。

虚拟旅游与智慧旅游的区别在于，虚拟旅游具有一定的局限性。首先，就内容而言，主要局限于旅游景区、酒店等，范围明显较小，主要是给人们提供一个现场感受的感觉，即突出视觉感受。其次，就环境而言，虚拟旅游无法模拟现实存在的真正的旅游环境。真正的旅游环境中存在着各种变化的因素，这是虚拟旅游难以模拟的。旅游者开展旅游活动，不仅要看到优美的景观，更要感受到旅游中的各种现象，例如不同人的旅游行为等，而真实的环境是难以模拟的。再次，虚拟旅游的服务具有一定的局限性，人们在进行虚拟旅游时，无法享受到实地旅游中的相关服务。智慧旅游是一种宽泛的概念，人们可以通过虚拟现实技术感知旅游景区的美景，这本身也是智慧旅游的一部分；与虚拟旅游不同的是，智慧旅游体系还能及时将与旅游相关的各类信息传递给旅游者，使旅游者真正享受到旅游中的感觉。这是虚拟旅游所不能提供的，因而虚拟旅游只是智慧旅游的一个要素形式而已。

（三）智慧旅游与智能旅游

国内对智慧旅游和智能旅游这两个概念的理解存在一定的争议。王兴斌认为，旅游服务的最终环节是人对人、面对面的服务与交流，这种服务通过思想与情感的交流进而实现文化的沟通与交流，是旅游者对异域风情与社会人文的体验，这是任何科技手段不能完全取代的人对人的服务。从旅游业的本质与特征而言，"旅游智能化"的提法更为妥帖。先进的科技手段为旅游活动提供方便、快捷、准确的智能化服务，弥补原始的人工服务的不足，同时它把智能化与人工化结合起来，让游客在享受现代科技的程式化、智能化成果的同时，又能享受传统的具有地域或民族风格的人情化、个性化体验，使传统服务与现代科技有机对接。这是现代服务业的新境界、新天地。智能旅游，更多体现的是智能设备在旅游中的运用，而智慧旅游并非单纯的智能设备的应用。智能设备是智慧旅游的实物依托，其能对信息进行存储和发布，满足旅游者和旅游管理的需要；然而，在设施设备提供服务的同时，通过人的意志进行旅游管理，通过智能设备载入人性化服务，这本身是一种智慧的体现，是人的智慧经由设备来完成的。因而，智慧旅游更加强调了服务提供中人的因素。旅游业是一个服务密集型的行业，缺少了人文因素，旅游活动就会失去光彩，只有将人文因素贯穿到智能设备中，实现智能设备的人性化服务，智慧旅游才能名副其实。智慧旅游与智能旅游的主要区别在于智慧旅游相对嵌入了更多的人文元素。

（四）智慧旅游与互联化旅游

所谓互联化旅游，是指不同的旅游要素通过一定的技术手段，实现信息交换和信息共享的旅游机制。互联化旅游是一种旅游的联动性，旅游者的旅游行程可以在同一个旅游区，也可以是跨旅游区的。通过联动，可以促进区域间的合作共赢，方便旅游活动的开展，提高旅游效率。这主要表现在区域间交通环境的协调、信息网络的建立、政策制度的统一等，联动性、协调性和统一性将促进区域经济一体化与旅游一体化的进程。旅游主管部门通过互联化旅游可以实现统一营销、推进基础设施一体化建设等，如此可以减少成本，节约社会资源，实现不同区域的合作发展。在管理上，可以避免繁杂的不必要的手续，提高管理效率和管理水平，从而促进旅游业的发展。智慧旅游的重要表现是消费便捷性、信息共享性和区域联动性。因而，联动是智慧的体现，也是智慧旅游的基础，没有互联化旅游就无所谓智慧旅游，互联化旅游是智慧旅游的基础要件。

二、智慧旅游的总体特征

（一）信息化

信息是旅游发展的基础，也是旅游活动、旅游开发、旅游经济、旅游管理的重要因素。在旅游活动开始之前，旅游者需要了解旅游目的地的各种相关信息，包括价格信息、景点信息、交通信息以及其他旅游相关信息；在旅游活动开展之中，旅游管理部门通过对游客消费特征的调查统计，对相关信息的运用，从而实现对旅游市场的有效管理；在旅游景区开发之前，需要对旅游资源等各类资源进行调查，从而在信息充分的基础上实现旅游资源开发。信息获取和应用涉及旅游发展的各个层面，智慧旅游的发展是对行业内外相关信息的充分整合与运用。

（二）智能化

智能化是智慧旅游的重要体现，没有智能化，智慧旅游也就无从谈起。智能化体现在方方面面，如对旅游资源的开发、对旅游信息的获取、对旅游市场的管理以及旅游活动的开展等。通过信息技术和智能设备，实现智能化服务与管理。

在服务端，智能化实现旅游数据统计、信息集成；在使用端则方便主体使用。

（三）专业化

专业化是智慧旅游的要求，智慧旅游与智慧城市和智慧地球不同，其范围更小，相对而言，其专业性愈加突出。具体而言：一是专注，即设立单独的开发部门，针对旅游者、旅游运营商和旅游管理方的需求，开发单独的设备，满足旅游活动、旅游运营和旅游管理的需求；二是专业，实现旅游人才与技术人才的有机结合，进行专业化操作；三是专攻，对旅游中存在的专业性和管理性难题，进行专项攻克，实现旅游业的畅通发展。

（四）全面化

智慧旅游的发展应用应是全方位、多层次和宽领域的。在旅游业的规划与开发、旅游项目的发展运营、旅游活动的开展中实现全方位的应用。无论是高端旅游还是大众旅游，无论是发达地区的旅游还是欠发达地区的旅游，无论是大型区域间的旅游还是小型的旅游目的地都应当逐步向智慧旅游转变，此为智慧旅游的多层次应用。智慧化体现在旅游的各项要素中，比如智慧酒店、智慧餐饮、智慧旅行社、智慧旅游景区和智慧基础设施建设，此为智慧旅游的宽领域应用。只有实现全面信息、全面建立、全面共享，保证旅游消费智能化、旅游供给智能化、旅游管理智能化，才能实现智慧旅游的全面发展。

（五）互联化

智慧旅游的一个重要方面是将各个孤立的要素解脱出来，将其与其他要素进行有机整合，从而有效避免信息孤岛现象的发生。首先，设施互联互通。矗立在街头的显示屏、景区的触摸屏等不是单独存在的，而是一个信息统一、节点分散的网络终端，不同地点的旅游者可以通过分散的终端获得相同的信息。其次，要素联动。旅游者来到旅游目的地后，不仅要旅游，同时还要住宿、娱乐等。智慧旅游将这些信息进行集成，旅游者可以一站式获得各类信息和服务，从而实现信息的有效获取。再次，管理联动。加强对旅游资源、旅游者、基础设施等的整体管理，实现互联互通，提高管理效率。最后，区域互联互通。不同的区域在发展旅游上相互支持、相互依托，实现区域互联互通，既有利于开发新的旅游产品，又可以集约成本，从而进行综合性的市场管理和运作。

（六）便捷化

便捷是智慧的体现，也是人们对智慧的要求。便捷的旅游服务体系能够赢得旅游者的信赖，刺激旅游消费，缓解旅游者的紧张心理。首先，使用便捷。这就需要体现以人为本的理念，最大限度地方便人们使用。其次，设施便捷。便捷的设施体系能够便于人们获取旅游信息。最后，技术便捷。不同文化程度的人们在使用同一种设备时，不应有知识上的歧视，避免误解的产生，使得这种服务能够为绝大多数人所获取，这是便捷的直接体现。

第二节　智慧旅游的理论框架

基于智慧旅游的发展背景及概念与特征分析，我们构建了智慧旅游的 3S 理论架构模型，即智慧旅游的框架体系主要由三个维度构成：主体维度（Subject）、科技维度（Science&Technology）和服务维度（Service）。

一、主体维度

主体维度主要是指基于旅游生态圈的供需关系而产生的各主体之间的交互模型。从智慧旅游信息系统的应用对象及其相互关系入手，围绕应用对象本身及其之间的交互，以及对智慧旅游的需求，我们可以构建智慧旅游的主体维度 3W 模型。

主体维度是指智慧旅游的投资开发、运维管理和用户这些主体分别是谁，确定这些主体对于智慧旅游的可持续发展是十分重要的。一般来说，智慧旅游的主体由下列各相关利益方组成：以政府为代表的旅游公共管理与服务部门、旅游者、旅游企业以及目的地居民。智慧旅游既需要满足应用主体自身的需求，也需要满足应用主体之间的交互需求。例如，对于旅游者，智慧旅游既面向旅游者自身（T）及其之间（T2T）的需求，又面向旅游者与政府之间（T2G）、旅游者与企业之间（T2E）以及旅游者与目的地居民之间（T2R）的交互需求。与传统信息技术应用面向政府、企业与旅游者三大主体不同，智慧旅游将目的地居民纳入应用对象，即智慧旅游在智慧城市外延下，不仅能够为旅游者提供服务，还能够使旅游管理、服务与目的地的整体发展相融合，使旅游者与目的地居民和谐相处。

二、科技维度

科技维度主要是指智慧旅游中的建设主体所应具有的科学技术能力及其建设与实施的特性与应用方向。我们将其归纳为 3A［能力（Ability）—属性（Attribute）—应用（Application）］模型。

能力（Ability）是指智慧旅游所具有的先进信息技术能力，属性（Attribute）是指智慧旅游的应用是公益性的还是营利性的，应用（Application）是指智慧旅游能够向应用各方利益主体提供的具体功能。公益性是指智慧旅游的应用由政府或第三方组织提供，以公共管理与服务为目的，具有非营利性。营利性应用由市场化机制来决定服务提供商。智慧旅游的属性能够决定其开发主体、应用主体以及运营主体。智慧旅游的 3A 科技维度的内涵可归结为以下三点。

一是以智慧旅游目的地的概念来明确应用主体。因此，除了一般智慧旅游所涵盖的旅游者、政府、企业之外，还包含了目的地居民。

二是公益和营利属性是信息技术能力和应用的连接层，即纵向可建立起基于某种（某些）信息技术能力，具有公益或营利性质的、面向某个（某些）应用主体的智慧旅游解决方案。

三是公益性智慧旅游和营利性智慧旅游的各种应用以及两者之间具有某种程度的兼容性和连通性，可最大限度地避免信息孤岛并可填补信息鸿沟。

三、服务维度

服务维度是指从用户的角度考虑的可用（Availability）、便利（Accessibility）和经济（Affordability）等特性。

一是"可用"是指在技术上可行，便于客户操作，学习成本低，实用性强，能给用户带来实际的好处，为用户创造价值，而不只是炒作概念。

二是"便利"是指可以让用户很容易获得，与用户交互的界面友好，如尽量使用一键登录，而不是逐条填写烦琐的个人信息进行提交；对于游客来讲，采用二维码扫描登录，就比手工输入网址要方便得多；有些应用（如景区的场解说）采用二维码扫描登录官方微信账号要比下载应用软件更加方便简捷，既不占用流量，登录速度也较快；服务尽量前置化，如及时推送实时信息，以及加强基于客户端的开发和应用。

三是"经济"是指提供的应用和服务是用户或游客支付得起或愿意支付的。因此，一般收费不能太高，最好免费，或者由第三方承担费用。这也是互联网经济的在商业模式上的创新之处。

第三节　智慧旅游的功能与价值

一、主体功能

（一）社会功能

1. 资源整合

智慧旅游的发展建设，不是单一资源的利用，而是各类资源的有机整合，其在发展过程中，也会对社会资源进行整合。智慧旅游是一个庞大的系统，其中涵盖了较多的资源要素。就旅游企业而言，包括技术资源、市场资源、人力资源等；就公共供给而言，主要有土地资源、媒体资源、信息资源等。对各类资源进行优化整合，促进资源的充分利用，从而实现智慧旅游功能的集成，这是智慧旅游社会功能的主要体现。

2. 公共服务

如果说旅游企业开展智慧旅游经营管理活动是出于自身利益最大化的考虑，那么政府构建智慧旅游体系的出发点则是提供公共服务。智慧旅游的建立，能够为公众提供各类服务，如城市交通导引系统、安全事故预警系统等。这些信息与其说是为旅游者提供的，不如说是为社会公众提供的，因为这种服务已经不单纯是旅游者所需要的，而是社会公众都需要获得的。为社会公众提供服务，一方面是发展旅游的需要，另一方面也是构建服务型政府的重要体现。

3. 应急救援

在旅游过程中，抑或发生公共危机时，为公众提供救援是智慧旅游的功能体现。首先，在危机发生后，处于危机中的人能够通过智能终端设备，将自身所处的危急情况发布出来，让人们了解，这体现的是智慧旅游的信息接收功能；在接收信息后，通过广阔的网络覆盖，及时地将这些信息传播给有关部门，从而迅速采取行动，及时化解危机，这体现的是智慧旅游的联动功能；同时，在危机发生时，通过智慧旅游体系，及时地将相关信息扩散给最广大的社会公众，这体现的是智慧旅游的扩散功能。因此，通过接收、联动和扩散，实现智慧旅游的应急救援功能。最重要的是，通过畅通的智慧旅游系统，能够及时地传递旅游信息，可以起到事故防范、安全预警等作用，从而减少事故的发生。刘军林和陈小连对智能旅游灾害预警与灾害救助平台的构建与应用进行了研究，认为智能旅游系统及其灾害预警与灾害救助平台，能及时发布旅游气象灾害、地质灾害等方面的信息，对旅游防灾意识宣传、旅游灾害监测、旅游灾害预防与提醒以及旅游灾害救助都具有十分重要的意义。

4. 社会治理

智慧旅游实现其社会治理的功能，主要体现在其惩恶扬善的公开性。智慧旅游是一个信息发布的渠道，更是信息共享的载体，人们通过智慧旅游体系获得信息，主管部门通过法治和德治相结合的方式，利用智慧旅游系统，将社会中的尤其是旅游活动和旅游经营中的优良和不良现象公之于众，使人们明确社会主义道德观和法律观，从而自觉规范自身行为，有利于促进社会管理。

（二）经济功能

就经济发展形式而言，智慧旅游的发展将推动旅游市场由线下向线下线上相结合转化。传统的线下经营模式中，个人或组织想进行旅游消费，须前往旅行社、旅游酒店或旅游目的地现场进行购买。在购买之前，旅游者不能充分获得旅游消费的相关信息，因而市场运行不够透明；同时，人们到消费场所进行现场购买，在购买时获得相应的信息，于是做出消费决策，这种消费决策通常并不能达到最优。人们花费较多的时间、精力和金钱来进行旅游消费，结果却消费不畅且极不便捷，这在某种程度上抑制了旅游需求。因为在获取信息或者购买困难的情况下，人们可以不进行旅游消费或以其他的消费方式予以替代。智慧旅游的出现，推动了旅游信息化的发展，使得线上旅游业务和旅游电子商务的发展进一步走向大众化和平民化，人们易于获取准确全面的旅游信息，同时又便于进行网上支付，消费的便利化使得旅游近在身边。线上与线下的融合发展，将推动旅游业发展进步。

就经济发展效益而言，智慧旅游的发展能够产生明显的经济效益。从短期来看，智慧旅游发展中投资的增加使得政府和企业的成本增加，然而，从长远发展来看，这种短期追加的固定资本将会转化为长期收益，并且这种短期投入的固定资本远比长期发展中各类成本的总和要小得多。例如，智慧旅游的发展需要相应的设施、技术和人才，而智慧旅游系统的建立，使得组织和企业能够获得竞争优势，并且智慧旅游系统一旦建设完成，能够保持长期的运营。就实体企业而言，在日常的经营运作中，各种固定成本和可变成本之和要远多于在智慧旅游中的投资；同时，作为一种新的经营管理方式，通过智慧旅游系统，旅游目的地或旅游企业能够直接与旅游者进行沟通和交互，从而有利于建立良好的形象，维持顾客关系,实现顾客忠诚,从而创造经济效益。

(三)文化功能

作为公众生活的一部分,智慧旅游的存在与发展伴随着人类社会的发展而不断演化和前进,其在人机交互的过程中,将推动社会文化的发展。

1. 物质文化

在智慧旅游中,智能设备、智慧旅游设施是人们直接接触的物质载体,这是一种科技文化,且被应用在旅游发展中。科技与旅游相结合,形成具有旅游行业特色的科技实物,承载着智慧旅游中的物质文化,例如旅游咨询中心的特色建筑、特色设备,具有提示意义的实物,都承载着一种可以触摸的实体文化。

2. 制度文化

不同于政府和企业中存在着明确的制度,智慧旅游本身不存在什么制度,不像企事业单位中工作人员的行为受到约束,智慧旅游所倡导的制度文化是一种制度文化认同。人们在日常的生活中,通过智慧旅游系统,经由智能设备和终端设施,可以主动地了解相应的法律法规、道德规范和行为准则等;在了解、学习和掌握的基础上,人们自觉遵守、自觉践行、合理运用,在遇到问题时,运用法律和相关制度予以解决,从而形成法治和德治相结合,人们自觉遵纪守法的文化。

3. 行为文化

智慧旅游推动人们行为文化的发展变迁,例如:消费方式由线下转到线上;信息获取方式由交易过程中获取转变为交易前获取;支付方式由购买时支付转变为购买前或购买后支付;支付渠道由现场支付转变为网上支付。在人的行为方式方面,传统的随团旅游向自助旅游转变;对景区景点的讲解,由导游讲解转变为智能设备讲解。旅游者的行为方式随着技术和经济的发展而不断改变,而智慧旅游的发展,则直接加快了这种行为文化转变的速度。

4. 精神文化

精神文化是文化的核心,智慧旅游作为一种现代生活方式,本身并不能改变人类精神文化，也不能强化精神文化，但其在间接产生精神文化过程中的作用却不可小觑。智慧旅游通过推动旅游的发展促进精神文化功能的形成。智慧旅游促进人类旅游方式的转变，从而有更多的人参加旅游，在旅游的过程中，人们的思想意识得到端正，自身素质得到提升。例如：通过游览祖国的大好河山，增加了自己的爱国热情；通过参加生态旅游活动，增强了自己的环保意识。这种潜移默化的作用，正是智慧旅游文化功能的体现。

（四）科技功能

1. 推动现有技术的普及应用

智慧旅游的发展，需要依托两类技术的发展。其一，信息科技核心技术的发展：云计算、移动通信技术、全球定位系统（GPS）等技术的发展使得相关的数据和功能得以生成，智慧旅游的建立将会推进技术在旅游行业内的普及应用，旅游业的应用将会形成示范效应，从而引起其他行业的同时跟进，因而智慧旅游的应用将能推动核心技术的普及应用。其二，设备终端技术的发展。核心技术的应用最终应当使人们的生活更便捷，因而越来越多的人通过智能终端来接收智慧旅游的相关信息，进而促进行业发展。

2. 加速新技术的研发

随着社会的发展和需求呈现的多样化趋势，智慧旅游不断发展，一些新的功能和需求需要满足，因而对智慧旅游中技术的水平也提出了更高的要求。在市场规律的运作下，企业便会投入更多的资本来进行新技术的研发。

（五）环境功能

1. 提高生产效率，节约社会成本

智慧旅游的发展，将会节约社会成本，促进旅游企事业单位无纸化办公的实现。传统的企业运作是一种高碳式的运行，消耗大量的人力、物力和财力，且效果一般。智慧旅游的建立，将会使得许多人力和物力从工作中解脱出来，减少资源的消耗；在资源有限的情况下，减少消耗就是一种对环境的保护。同时，智慧旅

游的发展与我国建设资源节约型和环境友好型社会的发展战略是相一致的。

2. 提升公众素质，强化环保意识

人们在旅游过程中，通过与不同人群的交流，与不同文化的融合，逐步提高自身素质；与此同时，其自身的环保意识也得以增强。如在生态旅游景区，优美的自然环境和良好的社会环境使人们对环境保护的自觉性得以增强，这也是环境功能的体现。

3. 提速智能步伐，避免环境破坏

智慧旅游的发展不能仅仅限于企事业单位的应用，不能仅仅应用于市场，也不能仅仅侧重于服务，同时还应逐步地完善其功能，比如环境监测和环境治理等。例如，在旅游开发的过程中，引入智慧旅游设备，对拟开发地区的生态环境予以跟踪监测，及时获取环境相关数据，了解环境情况，从而指导旅游开发，避免旅游发展中对环境的破坏。

二、行业价值

发展智慧旅游对旅游业意义重大，无论是旅游者、旅游企业，还是旅游主管部门，智慧旅游都具有非常深远的意义。智慧旅游将在优化旅游者行为模式、旅游企业经营方式和旅游行业管理模式上，推动旅游行业发展。

（一）旅游者

旅游开始之前，人们可以通过智慧旅游设备设施查询相关信息。人们可以在旅游前或旅途中，通过网络等途径，获得旅游目的地的相关信息，这些信息包括旅游资源、市场信息、旅游服务质量和类别等。这些旅游信息，为旅游者提供出游决策。通过智慧旅游体系，人们可以获得更为完备的信息，因而能够货比三家，在信息透明的情况下，人们可以个性化地安排自己的旅游行程。在旅游目的地，旅游者不必拘泥于以往的团队式旅游（行程固定，灵活性较差），可以通过选择，自己来安排旅游行程。对旅游者而言，这种旅游活动完全是依照自己的意愿定制的，因而更具有自主性，这可以提高人们对旅游活动的认可和满意度。在获取足够充分的信息后，人们可以进行预订，传统的营销和预订较为麻烦，而通过网上预订，信息较为透明，支付比较方便。旅游者来到旅游目的地后，可以直接开展旅游活动，避免了排队购票、查阅信息等时间的浪费，对各种信息已然成竹在胸，可以尽情享受自己的个性化旅游。同时，智慧旅游系统及时地发布目的地、酒店、景区等相关信息，人们可以根据自己的需要选择性地开展旅游活动，也可以避免景区的"拥堵"现象，实现人流疏导。

在旅游过程中，智慧旅游可以实现四个功能：导航、导游、导览和导购。

1. 导航

导航是将位置服务嵌入旅游信息中，借助如全球定位系统（Global Positioning System，GPS）导航、基站定位、无线网络定位、无线射频识别技术（Radio Frequency Identification，RFID）定位和地标定位等技术，实现智能终端设备与网络和位置服务的连接，旅游者可以通过智能终端设备为自己随时随地进行定位。基于此，在旅游过程中，旅游者可以随时获得自身位置信息，引导自身行为，从而有利于缓解旅游者在异地开展旅游活动时的陌生感和紧张心理；通过位置服务，旅游者能够获得相关的路线图、距离和时间等信息，从而为自我行程提供建议。

2. 导游

旅游者来到旅游目的地后，其旅游活动不仅仅限于旅游景区，同时还会参加一些其他的活动，比如观看演出、逛街等，因此需要了解自身周边有哪些酒店、景区、旅行社、银行等信息。智慧旅游能够精确地为旅游者提供这些信息，从而便于旅游者做出决策，即智慧旅游不仅仅限于旅游活动，凡是与旅游相关的活动，都应当成为智慧旅游发展的重要内容。

3. 导览

旅游者到达某一旅游目的地进行旅游活动，在某一个旅游景点，需要了解的相关资料，例如景点的内容，即导游在旅游活动中所讲解的内容，可以通过智能设备便捷地获得，从而实现设备导游而非现实中的人员导游。

4. 导购

旅游消费的过程中，智慧旅游应当提供充分的信息，供旅游者进行选择。例如，旅游者在选择酒店时，需要知道酒店的星级、顾客评价、发展历史、价格、优惠政策等，这些信息应当与在实体酒店中所了解到的是同等的，从而保证消费者的知情权，进而使得交易能够正常进行。

导航、导购、导游、导览的功能集成，能够真正实现旅游者在旅游过程中的自主化。

在旅游结束后，旅游者一般会进行信息反馈。就反馈信息的内容而言，可以分为两个方面。其一，旅游心得分享。旅游者会分享旅途中所遇到的新奇事件，获得的满意服务，看到的奇特景观。其分享的是一种愉快的超乎寻常的体验，因而能够将此正面信息传递给他人，使得旅游要素的品牌和形象得以强化，从而使旅游目的地吸引到更多的游客。其二，对旅游中存在的一些不满，也会向公众传播，这种传播将使更多的人得以知晓。因此，旅游者的分享实际上是一把双刃剑，把其中的满意因素公之于众，把其中的不满加以曝光。这在无形中会促使旅游企业提高服务质量，规范自身行为，由此逐步提升自身品牌形象，从而扩大知名度，提高美誉度。同时，反馈的信息也可能是一些投诉建议，智慧旅游作为一种系统、平台和渠道，既为旅游管理提供便利，也为旅游者权利保障提供法律和技术支撑。旅游主管部门应当充分利用智慧旅游的功能价值，解决旅游中的主体问题，从而优化智慧旅游的发展环境。

（二）旅游企业

1. 提供产品

智慧旅游丰富了产品的形态。传统的旅游产品过于单一，其主要局限于一般的旅游线路产品，如观光旅游产品、度假旅游产品、旅游景区和旅游酒店等内容。这些产品基本上处于旅游的初级阶段，只能满足基本的需求，产品的形态不够丰富，人们的个性化需求不能得到有效满足；同时，在经营管理的过程中，出于成本利润的考虑，个性化和定制化的旅游产品并不多。智慧旅游的出现、高科技的应用，使得旅游景区、旅行社等对旅游产品的开发力度加大，产品形态逐渐丰富，人们借助智慧旅游，更能使自身的需求得以满足，因而在一定程度上促进旅游产品的多向发展。同时，智慧旅游也拓宽了旅游的销售渠道，传统的营销和促销被逐渐地放大。智慧旅游将旅游产品搬到线上进行销售，旅游者更易获得。微博、微信、微电影等的出现，智能设备的广泛应用，使得人们接触的新媒体增多，而在新媒体上进行旅游产品的销售，并引入智慧旅游，可以极大地拓宽产品的销售渠道。

2. 展示形象

智慧旅游拉近旅游企业与旅游者之间的距离，也为旅游企业展示形象提供了更好的平台。智慧旅游的运用，智能终端的使用，使得旅游信息的发布更为快速和频繁。旅游企业可以通过产品来展示自身的形象，产品的多样化、个性化、人性化、标准化、人文化和科技化等成为旅游企业展示自身的一个重要途径。通过了解产品，人们可以了解旅游企业的经营方向和发展理念，形成对旅游企业的良好印象。自觉履行社会责任的企业将会赢得政府和社会的青睐。政府在推动智慧旅游发展过程中对其宣传，展示企业的优质产品、企业文化、经营理念等，通过正面宣传强化其在公众心目中的良好形象，既能在行业中起到模范与示范作用，又能进行免费宣传。旅游企业也可以通过旅游者展示形象。旅游企业为旅游者提供优质的产品和服务，得到旅游者的赞赏，旅游者在游览后会将旅游中的感受分享给他人，通过滚雪球效应不断强化企业在人们心目中的美好形象。

3. 节约成本

臃肿的组织结构使得企业在经营的过程中成本增加，运行起来举步维艰，而智慧旅游的应用能为企业节约成本。首先，旅游企业能通过网络获得旅游者的信息和需求，进而根据需求制定产品、价格、促销和渠道策略，从而避免以往进行市场调查持续时间长、耗费人力多、成本开支大的弊端；同时，在产品销售的过程中，通过网络进行智能化销售，运用机器设备实现销售水平的提升，从而节省人力资本。其次，在信息的保存上，将企业信息进行云存储，随时更新随时应用，由机器进行管理，易于保存，不易损坏，取用方便。既节省人力物力，又避免资源的浪费，同时还能实现企业的低碳化运营。最后，发展智慧旅游还能降低资金成本。以往的物资采购物费用，费用等交通是企业一项不小的开支，并且这种开支的发生频率高，而智慧旅游的应用，将实现企业的虚拟化采购，从而极大地节约成本。

4. 优化企业管理

企业在管理过程中需要依托较多的技术和设施设备，传统管理中的较多方法和实践是粗放型的，管理起来困难而庞杂。比较明显的例子是信息调用困难，如客户信息的管理、财务状况的记录，这些信息和资料通常以笔记的形式记录，储存量较大，修改、保存、查找和取用困难，为了调用一项信息或数据会花费较长时间，并且时常容易出错。智慧旅游建设运用云计算等技术，实现企业数据集中管理，将存储和计算等网络化、系统化、实时化、智能化，实现数据和信息应用的便捷化。这样既提高了企业的信息化水平，又提高了其经营运作效率，还推动了企业的标准化建设。

5. 转型升级

智慧旅游的发展建设将促进旅游业的转型升级。首先，旅游市场由线下转变为线上线下相结合，智能设备与移动互联网的无缝对接，使得人们更加便捷地利用智能设备，实现旅游产品的网上购买。其次，推动旅游产品优化升级。传统的旅游产品只能满足旅游者的基本需求，然而，随着智慧旅游的应用，旅游产品会向着科技化、人文化、个性化的方向发展，使得旅游产品更具文化内涵。智慧旅游的发展将调整产业结构、优化旅游方式，从而促进旅游业的转型升级。

（三）旅游主管部门

旅游主管部门进行智慧旅游建设，主要体现在两个方面：一方面是内部体系的建设，如智慧办公体系；另一方面是外部体系的建立，如智慧旅游公共服务体系的构建等。无论是外部还是内部智慧体系的建设，无非要达到两个目的。

首先，实现智慧政务处理。旅游业发展涉及较多行业和要素，在发展的过程中政府管理部门有烦琐的工作需要处理，旅游行政管理部门在业务处理的过程中同样存在着提高效率等现实诉求。智慧政务的建设，能够使得相关的管理和服务工作随时随地进行，不仅节省人力、物力和财力，还有利于提高办事效率。

其次，推进旅游的公共服务体系建设。这是创建服务型政府的体现。通过智慧旅游体系，及时将相关的政策、法律和规范等公之于众，使人们了解相应的法律法规，因而能够使得行业运作更加透明；同时，及时地将旅游行业信息予以公布，使得旅游者和旅游企业自觉规范自身行为，能够有效促进行业自我管理。因此，旅游主管部门推动智慧旅游发展建设的着眼点和落脚点是推动行业发展、助力行业监管和提供公共服务。

具体来说，智慧旅游的发展将从以下方面促进旅游行业管理。

1. 行业统计

通过位置服务和网络服务获得旅游相关的各类信息，对旅游者的行为特征进行分析。例如，对于某一类型的旅游景区，其旅游者的共同特征是什么，该类旅游活动表现出什么样的发展趋势等。

2. 需求采集

市场交易主体能够进行动态的双向的信息交流。通常情况下，需求决定供给，旅游者将其对产品的需求通过智慧旅游体系反馈给管理者，管理者据此引导旅游市场的发展，进而有针对性地提供产品和服务。

3. 预警预报

旅游市场具有敏感性和脆弱性，容易受到各类因素的影响，智慧旅游的建立，能够及时地反映市场动态，便于旅游管理部门见微知著，从而及时采取措施，引导行业的健康发展。此外，在旅游活动中，遇到突发事件、出现险情时，可以通过智慧旅游体系获得救助，全面高效的救助体系能够在第一时间做出反应，从而及时解决危机。同时，旅游主管部门可以通过智慧旅游体系，发布潜在的危险信息，旅游者经由智能终端设备获得这些信息，从而及时地采取预防措施，减少不必要的损失。

4. 监督管理

旅游者和社会大众在透明的信息网络下，在便捷的智慧旅游体系下，可以及时地将旅游过程中旅游企业的不良行为公之于众。大众的监督管理可以督促旅游企业约束自身行为，从而促进旅游企业的规范化运营。

5. 投诉处理

旅游业在发展中经常存在着各类的投诉事件。旅游者在旅游中处于劣势地位，因而较多的旅游者在权利受到侵害后，没有采取相应的措施加以维护，为了保证旅途的顺利进行而选择忍气吞声。智慧旅游的出现，使得投诉更为便捷，投诉的处理能力也得以增强。因而，智慧旅游的建立将会极大地提升旅游投诉处理效能。

6. 科学决策

智慧旅游的"智慧"能够生成优秀的决策方案，进而促进旅游主管部门做出科学决策，促进旅游业的持续健康发展。

（四）旅游业创新发展

1. 为不同主体进行智慧旅游发展建设提供理论支撑与实践指导

当前，智慧旅游建设主体主要有政府和企业，政府主要从公共服务视角建设智慧旅游目的地，在顶层设计中明确规范做出指导；企业则主要围绕自身发展需求，有针对性地发展建设智慧旅游项目。统筹政府和企业两方需求，明确各自的任务和职责，能够理顺智慧旅游发展建设的逻辑思路，在此基础上为政府和企业进行智慧旅游发展建设提供理论依据和实践借鉴。

2. 为智慧旅游发展建设对象提供切实可行的对策建议

从旅游要素或旅游目的地来看，智慧旅游发展建设的对象主要包括智慧景区、智慧酒店、智慧旅行社、智慧旅游目的地等，其中尤以智慧景区和智慧旅游目的地的建设较为普遍。在发展实践中，不同景区进行智慧旅游发展建设的思路、过程、项目、路径并不相同，分析并明确不同要素或旅游目的地进行智慧旅游建设的逻辑思路和体系框架，能够在既定条件下发挥智慧旅游的最大效力。从智慧旅游功能要素和框架体系来看，当前智慧旅游发展建设主要集中于微信、二维码、网络覆盖、旅游网站、综合数据库、线上商务平台、智能监控系统、智能门禁系统、安全预警系统、自动化办公体系、客房多媒体系统等内容。同时，依据建设难易程度、成本投入大小、应用轻重缓急等实际情况，智慧旅游建设往往是不成体系的，甚至是碎片化的。将这些零散的建设思路整理成现实可行且能持续发展的路径和发展步骤，能够从长远上保障智慧旅游发展建设的内容、体系、规模、步骤，并最终推动智慧旅游发展建设整体水平的提升。

3. 为智慧旅游发展建设的路径选择提供现实依据

作为旅游业发展的重要推动力量，政府和企业看到了智慧旅游的功能作用及隐藏在背后的商业价值，于是，许多地区开启智慧旅游发展建设。殊不知，智慧旅游发展建设不可一蹴而就，而是一个庞大、系统的工程，在建设中需要投入巨大的人力、物力和财力。在经济社会发达、旅游市场旺盛的区域，发展智慧旅游或许能够解决旅游业发展的许多问题，同时对建设主体本身也不会造成负面影响，因此，智慧旅游建设无可厚非。但是，在一些经济水平较低、地方财政困难、旅游条件不优越、智慧旅游功能暂时不能有效发挥的区域，投入大量资金开展智慧旅游建设，一定会收效甚微，甚至会影响当地经济社会的发展，在此情况下，智慧旅游发展建设就需仔细斟酌了。因此，各地区、各主体应当结合自身实际，选择与之相适应的智慧旅游发展路径，如通过分期建设，明确智慧旅游功能需求的轻重缓急，有规划、有重点、有策略地发展智慧旅游建设，将能持续推动智慧旅游健康发展，并充分发挥智慧旅游的优势。

4. 为新常态下智慧旅游发展建设提供新思路

当前，中国旅游业面临转型升级的新常态，包括大数据、产业融合、技术应用、在线交易、区域一体化等，智慧旅游的发展建设应当结合新常态、顺应新形势，在新常态下集聚新理念、新功能，进而丰富完善智慧旅游功能要素和体系架构，促进智慧旅游在动态变化的社会环境和市场环境中稳步发展。

智慧旅游的发展建设，在旅游者、旅游企业和旅游行政管理三个方面既有着共同的内容和需求，又有着不同的内容和需求，但最终都能通过智慧旅游的发展建设，推动中国旅游业的优化升级。智慧旅游的发展建设，需要旅游业产学研界的共同发力，只有进行整体建设和联动发展，才能实现智慧旅游体系的全面构建。

三、社会价值

（一）智慧旅游服务社会的优势

1. 政策优势

文化和旅游部明确旅游信息化的重要作用，提倡运用现代信息技术提升旅游业的战略地位和发展水平，从政策层面上，政府的支持能够促进智慧旅游的发展；同时，智慧旅游也能实现必要的社会功能。国家从政策角度出发，一方面要提升旅游业的整体发展水平，另一方面则要提升其社会服务能力，因而智慧旅游服务社会具有政策上的优势。

2. 资源优势

旅游是一个复杂的综合体，涉及不同的行业，其发展有赖于资源的富集。单一行业如景区和旅行社等资源有限，在服务社会方面能力不足，并且不易与其他行业产生联动。旅游业则是一个综合性的行业，其发展涉及交通、餐饮、住宿、卫生、工商、公安等部门，只有具备了相关的信息和资源，旅游业才能健康发展。智慧旅游体系对这些部门的信息和资源进行整合，其具备的优势资源是服务公众的主要内容。

3. 技术优势

旅游业原本是一个社会性和文化性较强的行业，当今旅游业的发展主要是从经济学的角度展开，然而随着智慧旅游的发展，必然要实现现代科学技术在旅游业的应用，将原本应用于社会服务的技术如遥感技术、互联网技术、云计算技术和移动通信技术等应用到旅游行业中，使得旅游业发展拥有了各种现代技术。科学技术和行业发展的需要，使得相关技术的研发和应用增多，因而引发了新技术的产生和发展。旅游行业具备较高的技术水平，其在服务社会的过程中，自然就更加具备了技术优势，将旅游行业技术运用到社会中，或者通过在旅游业中运用现代技术，为社会发展服务，这本身就是智慧旅游服务社会的技术优势。

4. 传播优势

旅游活动的多样性决定了旅游行业的综合性，旅游业对信息的整合与传播具有较高的要求。大众旅游的到来，自助游的兴起，使得人们对信息获取的需求增加，智慧旅游体系能够高效便捷地满足人们的信息需求。其对信息传播具有较高的要求，各类信息在相互差别的行业、受众和环境中进行传播，使得智慧旅游必须具备完备的信息传播渠道。智慧旅游在服务社会的过程中，可以充分利用其完备的信息体系架构，实现信息的高效传播。及时高效的信息传播体系能够方便人们的生活，从而实现智慧旅游服务社会的功能。

5. 生态优势

智慧旅游服务社会主要在以下方面体现其生态优势：从经济发展的角度，旅游业是无烟工业，是现代服务业的范畴，其发展能够促进经济水平的提升；从文化传承的角度，旅游发展能够促进社会先进文化的保护和传承；从生态保护的角度，旅游发展是文明发展，能够促进生态环境的保护。智慧旅游从建设到运营，整个过程体现着生态优势：就建设而言，基础设施和智能设备的建设和使用，能够有效地避免房屋、土地和空间等资源的浪费，减少其对生态环境的破坏；就运作而言，智慧旅游体系在建成后能够多次重复利用，通过运用现代技术，使得原本复杂困难的人力劳动由机器完成，从而减少行业运作中人、财、物的浪费，进而节约社会成本，实现低碳化发展，其符合资源节约型和环境友好型社会的发展战略。将智慧旅游的生态优势加以运用，能够实现社会服务的可持续发展。

正是由于智慧旅游在社会服务方面，同其他要素相比具有政策优势、技术优势、传播优势和生态优势，所以智慧旅游发展迎合了当代社会发展的主旋律，因而得到各地的认可，从而实现了其快速发展。

（二）智慧旅游服务社会的路径选择

1. 智慧旅游服务社会的结构模型

智慧旅游服务社会从服务旅游行业开始，由于旅游活动具有综合性，旅游者在信息咨询、交通导航和水电需求等方面与居民日常生活具有较大的相似性，居民能够经由智慧旅游设施设备，获得信息咨询、交通导航等相关服务。同时，行政管理部门能够通过智慧旅游体系实现社会管理。因此，智慧旅游体系具备了服务行业发展、社会管理和公众生活这三方面服务职能。随着信息技术发展和社会文明进步，智慧旅游体系将进一步融入社会生活，为社会提供服务。

2. 智慧旅游服务社会的路径选择

（1）加强政策引导，促进规范发展。首先，由政府制定智慧旅游体系发展的战略方针，以法的形式规范智慧旅游的发展，避免盲目建设和雷同开发；其次，对智慧旅游体系建设中的重大项目，政府从人才资源、金融信贷和部门协调等方面给予支持；再次，旅游发展，规划先行，在智慧旅游建设前，制定科学的规划，按照规划思路，科学有序地推进智慧旅游建设；最后，对智慧旅游建设项目进行实时跟踪、监测和评估，动态调整智慧旅游的发展进度，对其中产生的偏差予以纠正，使智慧旅游适应经济社会和技术环境的改变。

（2）加快技术研发，落实行业应用。就技术的研发而言，主要包括三层：社会层、行业层和要素层。社会层是指整个社会大环境中的现代技术，如云计算、遥感技术和移动通信技术等，其在社会中的广泛应用是智慧旅游发展的技术基础；行业层是指旅游行业中的现代技术，如虚拟旅游、旅游软件等，其为智慧旅游发展的中坚技术；要素层则是在旅游行业具体要素范围内的技术，如电子票务系统、数码客房服务系统等，其为智慧旅游的核心要件。无论何种技术层面，只有加强研发，并运用到发展实践中，才能提升智慧旅游服务社会的能力。

（3）加强资源整合，提供信息基础。资源整合的程度，可以分为横向的拓展和纵向的延伸：在横向上，由旅游行业向相关行业再到周边行业逐步拓展，拓宽智慧旅游服务社会的范围；在纵向上，将特定服务不断挖掘、深化，提升智慧旅游服务的水平和质量。通过横向和纵向的充分整合，实现信息资源的存储、运算和传播。同时，依托智慧旅游设施设备和个人移动终端，实现智慧旅游服务社会的泛在化。

（4）加大投入力度，注重能力建设。智慧旅游建设是一个系统的工程，需要巨大的人力、财力和物力投入，较少的投入只能集中于某点或某种能力的建设，远远不能实现智慧旅游的总体目标；只有加大投入力度，注重智慧旅游服务社会的能力建设，才能实现投入产出的最大化。当然，加大投入力度的同时应当遵循以下原则：①把握全局，突出重点，对智慧旅游的核心能力进行建设。②明确思路，循序渐进。智慧旅游的建设不是一蹴而就的，而是一个逐渐丰富和完善的过程，只有循序渐进，才能稳步发展。③综合考虑，量力而行。不同区域经济、社会、文化和环境各不相同，在发展智慧旅游时应当综合考虑区域现状，根据当地需求制定发展战略。

（5）加紧功能转换，实现转型升级。在发展初期，智慧旅游主要服务于旅游行业，随着技术的进步、应用的普及、功能的增强，智慧旅游将逐渐由服务旅游转变为服务社会，其主要表现如下：服务对象的扩大，由服务旅游者、旅游企业和旅游管理部门向服务社会大众转变；服务范围的拓展，由智慧酒店、智慧餐饮、智慧交通等逐步扩展到智慧社区、智慧教育、智慧医疗等；服务功能的完善，由旅游功能逐步向休闲功能、信息功能、文化功能和传播功能等一体化转变。智慧旅游体系功能的转换，将会实现其服务对象、范围和内容的转型升级。

智慧旅游不仅是现代科学技术在旅游业的具体应用，同时也是一种专业能力。这种能力首先体现在服务旅游行业发展上，通过智慧旅游，转变旅游业发展方式，提升发展质量。由于旅游业具有综合性，智慧旅游在发展的同时，必然向服务社会转变，并且随着技术的更新、社会的进步和经济的发展，智慧旅游服务社会的能力将会进一步得到加强和体现。当前，智慧旅游发展主要服务于旅游业，但其仍然具有服务社会的功能和路径；只有加强政策引导，加快技术研发，加深资源整合，加大投入力度，加紧功能转化，才能使得智慧旅游既能促进旅游业发展，又能服务于社会进步，在实现旅游业可持续发展的同时，实现智慧旅游社会效益的最大化。

第二章　移动互联网与智慧旅游

智慧旅游是利用云计算、物联网等新技术，通过移动互联网，借助便携的终端上网设备，主动感知旅游资源、旅游经济、旅游活动、旅游者等方面的信息，及时发布，让人们能够及时了解这些信息，及时安排和调整工作与旅游计划，从而达到对各类旅游信息的智能感知、方便利用的效果，提供更便捷、高效的旅游服务。

智慧旅游的"智慧"体现在"旅游服务的智慧""旅游管理的智慧"和"旅游营销的智慧"这三大方面，而智慧旅游的基本功能是导航、导游、导览和导购（"四导"）。智慧旅游使旅游的"吃、住、行、游、购、娱"六要素完全实现电子化、科技化，同时也对旅游资源的整合及商业模式的创新具有很大的带动作用。

作为新的旅游体验方式，智慧旅游是移动互联网、物联网、云计算、地理信息系统、高速通信技术等新技术在旅游业的应用创新。智慧旅游以融合的信息通信技术为基础，以游客互动体验为中心，以一体化的行业信息管理为保障，以激励产业创新、促进产业结构升级为特色。智慧旅游通过科技和用户体验的提升让旅游者在旅游过程中享受到方便、贴心、优惠、有特色的旅游服务却感受不到技术的存在。

智慧旅游建设及发展的基础之一就是需要高速的网络作为支撑，以快、稳、无处不在的网络来实现"智慧"，这样才能确保云计算、物联网、大数据和3S技术的有效利用。

第一节　移动互联网的概述

信息的价值在于传递，我们接触到的每条信息，其传达的内容、生产的方式乃至组织的形式又取决于其所已存的通信方式。因此，通信技术的发展对于整个互联网发展的决定意义是不言而喻的。随着 Web 应用技术的不断创新和宽带无线移动通信技术的进一步发展，移动互联网业务的发展将成为继宽带技术后互联网发展的又一个推动力，使得互联网更加普及，并以其随身性、可鉴权、可身份识别等独特优势，为传统的互联网类业务提供新的发展空间和可持续发展的新商业模式。从最初简单的文本浏览、图铃下载等业务形式发展到当前的与互联网业务深度融合的业务形式，移动互联网业务正在成长为移动运营商业务发展的战略重点。

一、移动互联网的概念

移动互联网是以移动网络作为接入网络的互联网及服务，包括三个要素：移动终端、移动网络和应用服务。移动互联网涉及的内容主要囊括为三个层面：一是移动终端，包括手机、专用移动互联网终端和数据卡方式的便携电脑；二是移动通信网络接入，包括 3G、4G、5G 等；三是公众互联网服务，包括 Web 和 WAP 方式。移动终端是移动互联网的前提，接入网络是移动互联网的基础，而应用服务则成为移动互联网的核心。

简而言之，移动互联网是指以各种类型的移动终端作为接入设备，使用各种移动网络作为接入网络，从而实现包括传统移动通信、传统互联网及其各种融合创新服务的新型业务模式。

二、移动互联网的特征

移动互联网的基本特点包括以下几点。

（一）终端移动性

通过移动终端接入移动互联网的用户一般处于移动之中，终端用户始终可以在移动状态下接入和使用互联网服务，便于用户随身携带和随时使用。

（二）业务及时性

用户使用移动互联网能够随时随地获取自身或其他终端的信息，及时获取所需的服务和数据，让用户在任何完整或零碎的时间内都能使用，并且多种应用可以在同一时间进行。

（三）服务便利性

由于移动终端的限制，移动互联网服务要求操作简便，响应时间短。

（四）业务／终端／网络的强关联性

实现移动互联网服务需要同时具备移动终端、接入网络和运营商提供的业务三项基本条件。

移动互联网相比于传统固定互联网的优势在于：实现了随时随地的通信和服务获取；具有安全、可靠的认证机制；能够及时获取用户及终端信息；业务端到端流程可控；等等。劣势主要包括：无线频谱资源的稀缺性；用户数据安全和隐私性；移动终端硬软件缺乏统一标准，业务互通性差；等等。

三、移动互联网的层次

移动互联网的演进层次分为以下四个阶段。

（一）移动增值网

移动增值网是为移动通信系统提供增值业务的网络，属于业务网络，能够提供移动的各种增值业务。

（二）独立 WAP 网站

独立 WAP 网站是独立于移动网络体系的移动互联网站点，网站独立于运营商，直接面向消费者。

（三）移动互联网

独立互联网以互联网技术（如 HTTP/HTML 等）为基础，以移动网络为承载，以获取信息、进行娱乐和商务等服务的公共互联网。

（四）宽带无线互联网

宽带无线互联网是移动互联网的高级阶段，可以采用多种无线接入方式。

四、移动互联网的发展

全球移动互联网已处于爆发性发展阶段，但其发展方向、产业规则尚未最终形成，国际格局仍然在不断变幻，我国仍存在创新突破的巨大空间和时间窗口。随着 5G 网络和智能终端的成熟与普及，互联网企业的移动化转型，预计我国移动互联网产业将在两年内出现质的飞跃，成为具有实质意义的重量级产业。

根据当前及未来一个时期世界信息和网络技术的发展趋势，结合移动互联网技术的研究现实，初步预测未来的移动互联网技术将向以下三个方面发展。

1. 技术向多样化发展

移动互联网是电信网络、传统互联网、媒体和娱乐等行业融合的产物，涉及无线通信、移动通信和互联网技术。从长远来看，其技术向多样化发展将是一个重要趋势：一是网络接入技术多样化，网络向着增加移动性、宽带化的方向发展；二是移动终端解决方案多样化，终端朝着功能集成化与便携式的平衡方向发展；三是手机操作系统多样化，操作系统向着更加开放的方向发展；四是内容制作多样化，以增强用户体验；五是业务模式多样化，推动各种业务应用的快速发展。

2. 与物联网融合发展

物联网是物物相连的互联网，用途广泛，是世界各国正在大力推广和发展的新一代信息网络技术。移动互联网络是物联网的基础，拓展了物联网的功能，提高了物联网的效率。其中，移动终端可作为物联网识别、采集信息的重要节点；移动互联网的无线网络接入方式与组网技术都是物联网的关键支撑技术；移动云计算大幅提升了物联网的处理能力；移动互联网的定位、传输、节能技术均可用于物联网。因此说，未来与物联网融合发展将是移动互联网的又一重要发展方向。

3. 定位技术向综合利用、高效精确发展

定位技术是移动互联网的重要应用之一，目前的研究主要集中在提升某一类定位技术的定位精度上，而在多类定位技术重叠的区域，如何综合利用多类定位技术（如感知定位、网络定位等），为用户提供高效、精确的基于位置的服务，是未来继续研究的方向。

第二节　移动互联网的技术体系

当前正在发展的移动互联网技术体系主要包括移动终端、接入网络、应用服务及网络安全四个方面。

一、移动终端技术

移动终端技术主要包括终端制造技术、终端硬件和终端软件技术三类。终端制造技术是一类集成机械工程、自动化、信息、电子技术等所形成的技术、设备和系统的统称。终端硬件技术是实现移动互联网信息输入、信息输出、信息存储与处理等技术的统称，一般分为处理器芯片技术、人机交互、移动终端节能、移动定位等技术。处理器芯片技术主要研究移动互联网的核心运算与管理控制技术，负责信息的接收、存储、发送、处理及电源管理等。终端软件技术是指通过用户和硬件间的接口界面与移动终端进行数据或信息交换的技术统称，一般分为移动操作系统、移动中间件及移动应用程序等技术。

（一）人机交互技术

人机交互技术是指移动用户通过信息输入（如键盘、鼠标、手写笔）和信息输出设备（如显示屏、喇叭等），实现移动用户与终端的对话交互技术，一般分为终端显示技术、屏幕触控技术、语音交互技术、感应交互技术及虚拟现实技术等。

一是终端显示技术是指利用电子技术实现灵活变换的视觉技术，主要包括超精高亮、平面转换、视网膜、电子纸和电子墨水等显示技术。

二是屏幕触控技术是指在没有鼠标、键盘等传统输入设备下，实现人机交互的技术，用户只需触碰终端显示屏上的图符或文字就能完全操作终端。触控技术分为单点触控技术和多点触控技术，单点触控技术是指一次只能传达一个触点信息，多点触控技术是指同时传达多点触控信息，终端同时响应用户的多点操作。

三是语音交互技术是指用户通过语音方式实现与移动终端的互动技术，主要包括语音识别技术、语音合成技术和语义理解技术。其中，语音识别是指移动终端通过识别和处理分析工具，从语音中提取出语音内容所包含的信息，并以文本或其他形式呈现出来的新型技术；语音合成是将文字或信息转换成语音的技术；语义理解是指终端对语音的内容逻辑进行分析关联，进而正确地还原出讲话内容。

四是感应交互技术是指通过自动感应技术实现用户与终端的交互功能，如利用移动终端玩游戏时，可以使用传感器来接收玩家的动作或语音信息，自动完成游戏场景的变换。

五是虚拟现实技术是指利用计算机技术模拟出一个逼真的三维空间虚拟世界，在视觉、听觉、触觉上提供给用户真实的模拟环境，可以随时、无限制地详细观察三维空间。移动增强现实技术是在虚拟现实技术基础上发展起来的一种新兴计算机应用和人机交互技术。它综合了计算机视觉、图形学、图像处理、多传感器技术、显示技术等技术，利用移动互联网产生的虚拟信息对用户所观察的真实环境进行融合，将真实环境和虚拟物体实时地叠加在同一个画面或空间，增强了用户对周围环境的感知。移动增强现实的关键技术主要包括目标特征的提取、目标跟踪技术、内容实时渲染等。

（二）移动终端节能技术

移动终端节能技术主要包括系统电源管理、无线通信节能、终端定位节能和计算卸载节能技术等。

一是系统电源管理技术是指系统利用动态电源管理工具来提升电池效能，即根据系统中不同组件的负载状态，动态地调整各个组件的工作状态，使其在不影响工作的同时，使用最少的能源，进而减少不必要的能耗。

二是无线通信节能技术是指对无线接口的耗能进行优化的技术，主要包括多种无线通信混合节能技术、基于接入点（AP）下载调度的节能技术和8020.11 MAC 层协议优化技术。多种无线通信混合节能技术是指根据多种无线通信技术（如 WLAN、蓝牙等）在进行数据传输时的能耗差异，混合运用多种无线通信网络，发挥各自的优点，总体上起到降低能耗的作用。比如利用 WLAN 的高速率、高能耗和蓝牙的低能耗、低速率特点，在设备识别和连接时，运用蓝牙技术，在数据传输时，运用 WLAN 技术，有效发挥各技术的优势，整体上减少系统能耗。基于 AP 下载调度节能技术是指通过对进入接入点的终端的下行流量进行集中调度和控制，始终让下行流量通信的总能耗处于最小状态。8020.1MAC 层协议优化技术是根据 IEEE 8020.11 标准协议开展的节能技术。

三是终端定位节能技术是指移动互联网在定位过程中，移动节点的耗能非常严重时，利用提高位置信息的更新时间间隔来降低能耗的技术。

四是计算卸载节能技术是一种基于云计算的节能技术，将原来在移动节点上运行的计算功能迁移到远程服务器运行，进而降低终端的 CPU 和内存的能耗。

（三）移动定位技术

移动定位技术是指利用移动通信网络，对接收到的无线电波参数进行测量，通过特定算法对移动终端在某个时间的地理位置进行测定，主要技术分为三类。

一是卫星辅助定位技术。即移动终端通过卫星导航系统获取自身物理位置的经纬度信息，目前应用最广泛的是 GPS 定位系统，主要包括差分 GPS（DGPS）和辅助 GPS（A-GPS）定位技术。DGPS 技术是指移动终端对自身进行定位，将定位结果与已知的地理位置进行比较得到差值，把差值当作公差的修正值；A-GPS 定位技术是指移动网络根据终端当时所在的小区信息，及时确定终端上空的 GPS 卫星，并将 GPS 卫星的辅助数据发送给终端，然后终端利用 GPS 卫星发来的辅助数据快速地搜索到有效的 GPS 卫星，并接收卫星导航数据进行定位。该技术减少了卫星搜索时间，提高了定位时效，实现了室内 GPS 定位。

二是网络定位技术。即移动终端接入到移动通信网络后，利用网络技术感知终端接入的位置数据，通过计算处理，确定位置信息。目前主要包括 Cell ID 定位技术、基站测量定位技术、WLAN 室内定位技术等。Cell ID 定位技术是指当终端接入移动蜂窝网络时，将所在的小区 Cell ID 数据上报给网络，网络根据终端的小区数据测算出用户的当前位置。基站测量定位技术是指采用三角测量定位技术实现基站定位的一种技术，主要包括 CDMA 系统的链路三角定位（AFLT）技术、GSM 网络的增强型观测时间差（E—OTD）定位技术。UMTS 网络的观测到达时间差（OT–DOA）定位技术；WLAN 室内定位技术主要包括最近 AP、几何计算、位置指纹三种定位技术。其中，最近 APS 定位技术是指 WLAN 中的每个 AP 都有特定的覆盖范围，移动终端进入小区后，通过 AP 接入网络，利用 AP 的位置可粗略地测量出终端位置；几何计算定位技术是利用几何学原理对移动终端的位置进行定位，目前主要有距离测量法和角度测量法两种方法；位置指纹定位技术是利用终端所处位置观测到的位置指纹（场景特征）和样本数据库中的预存位置指纹进行比对，依据特定的匹配规则进行定位。

三是感知定位技术。即在特定部位安装传感器，当移动终端进入到传感器的感知区域时，测定出移动终端的位置信息，主要包括无线射频识别定位技术、红外感知定位技术、蓝牙感知定位技术等。

（四）移动操作系统

移动操作系统是移动互联网的核心基础，是管理、控制、监测和维护移动互联网终端的软硬件资源，并提供给用户人机交互界面的软件集合，主要由驱动程序、内核、接口库和外围部件组成。

（五）移动中间件

移动中间件是连接两个独立的应用程序或独立系统的软件统称，负责管理计算机资源及网络通信，主要技术包括远程过程调用、对象请求代理和系统信息处理等。

（六）移动应用程序

移动应用程序是指运行在移动操作系统之上的程序，旨在实现某项或多项特定任务，主要有 Web 应用程序、本地应用程序和第三方应用程序。Web 应用程序是指浏览器或服务器的应用程序，依靠浏览器运行；本地应用程序是指移动终端本身的应用程序；第三方应用程序是指由非软件编制方开发的应用软件。

二、接入网络技术

接入网络技术一般是指将两台或多台移动终端接入互联网的技术统称，主要包括网络接入技术、移动组网技术和网络终端管理技术三类。

（一）移动网络接入技术

移动互联网的网络接入技术主要包括：移动通信网络、无线局域网（WLAN）、无线 Mesh 网络（WMN）、其他接入网络技术及异构无线网络融合技术等。

一是移动通信网络。移动通信网络经历了 2G、3G、4G 时代，已经进入了 5G 时代。5G 相较 4G 可以获得快 10 到 100 倍的速度，理论峰值速度可达到 20G，在 5G 网络下差不多 1 秒钟能够下载 10 ~ 20 部大小为 1 ~ 2G 的电影。

二是无线局域网。WLAN 是指通过无线通信技术将移动终端、计算机等资源互连起来，构成可以互相通信和实现资源共享的移动网络体系。

三是无线 Mesh 网络。WMN 是一种自组织、自配置的多跳无线网络技术，Mesh 路由器通过无线方式构成无线骨干网，少数作为网关的 Mesh 路由器以有线方式连接到互联网。WMN 具有成本低、覆盖范围广、可靠性强和良好的可扩展性等优势。

四是其他接入网络。小范围的无线个域网（WPAN）有 NFC、Bluetooth、

UWB、Zigbee、IrDA 等技术。近场通信技术（NFC）是一种近距离的高频无线通信技术，能够使电子设备之间，在 10 cm 距离内进行点对点、非接触的数据传输和电子身份识别。蓝牙（Bluetooth）技术也是一种短距离的无线通信技术，通信距离一般在 10m 内，能使多个移动终端之间进行无线信息交换，最高传输速率达到 1Mb/s。

另外，针对多种无线接入技术，正在发展异构无线网络融合技术。异构无线网络架构分为紧耦合技术和松耦合技术两类。紧耦合技术的网络架构是指无线接入系统之间存在主从关系；松耦合技术网络架构是指无线接入系统之间不存在主从关系。

（二）移动组网技术

移动互联网的组网技术具有灵活、动态的特点。无线局域网采用的是以太网的星形结构，移动通信网采用的是集中控制、层次优化结构，两者都有中心节点，都采用了集中式组网技术；移动自组织网络采用了分布式组网技术，没有中心节点，各个节点之间是相互对等关系，都可充当主机和路由器的角色；无线 Mesh 网络采用了多中心的自组织网络技术，由固定的 Mesh 路由器利用点到多点方式组成网络，由路由器管理 Mesh 的连接，拓扑结构比较稳定，并且传输带宽高。

（三）移动网络管理技术

移动互联网的接入网络将是多种接入并存的异构无线融合网络，必须发展移动网络管理技术，来实现不同网络之间的无缝切换。移动网络管理技术主要有 IP 移动性管理和媒体独立切换协议两类。IP 移动性管理技术能够使移动终端在异构无线网络中漫游，是一种网络层的移动性管理技术。

三、移动应用服务技术

移动应用服务技术是指利用多种协议或规则，向移动终端提供应用服务的技术统称，分为前端技术、后端技术和应用层网络协议三部分。前端技术用于内容展现和逻辑执行，主要包括 HTML、DOM、CSS、Java Script 等技术；后端技术用于服务器端的逻辑执行和资源管理，主要包括数据库、动态网页等技术；应用层网络协议用于前端与后端之间的信息交互和数据传送，主要包括 HTTP、FTP、SMTP 协议等。目前正在发展的应用服务关键技术主要包括 HTML 5、移动搜索、移动社交网络、Web 实时通信（Web RTC）、二维码编码、企业移动设备管理等技术。

（一）HTML 5 技术

HTML 5 是当前超文本标记语言（HTML）的最新版本，提供更多网络应用的标准，能满足不同移动用户的需求。相对于 HTML4 技术，HTML 5 技术强化 Web 网页的表现能力；引入本地数据库；将内容和展示进行分离；添加表单输入对象；引入新的标识，提供浏览器中的真正程序，取代移动终端中的 Flash 程序。

（二）移动搜索技术

移动搜索技术是移动互联网应用的典型技术，是指移动终端用户通过终端，使用浏览器、短信息、交互式语音等方式对互联网内容进行搜索，获取自己所需的信息和服务。移动搜索具有终端移动性、用户操作便捷性、搜索结果简约化和个性化等特点。

（三）移动社交网络技术

移动社交网络是传统互联网中的社交网络服务（SNS）在移动互联网的应用，能无缝地将移动计算和社会计算有机地结合起来，增强终端用户的真实性、地域性和交互实时性。移动社交网络主要包括集中式和分布式两类技术。其中，集中式技术是基于互联网，将用户的数据存储在服务器上，让用户通过客户端寻找好友和共享数据。分布式技术是让终端之间直接进行交互。

（四）Web 实时通信技术

Web RTC 技术是建立在 Web 浏览器基础上的实时音频、视频的通信技术，便于开发者在不安装任何插件时，基于浏览器利用 Web 技术快速地开发出实时的 Web 多媒体应用。Web RTC 应用主要有三种模式：接入传统的音视频业务、轻量级和综合型的 Web 实时通信服务。

（五）二维码编码技术

二维码编码技术是以传统二维码技术为核心，通过移动终端对二维码进行识别、解码、译码等操作的综合性技术。其原理是先将需要呈现给客户的信息编码到二维码中，再通过移动终端的摄像设备进行采集并进行解码和译码等操作，进而快速获得包含在二维码中的信息，省去了在移动终端输入冗余的网址信息或者其他信息的操作，具有准确、方便、快捷的特点。

（六）企业移动设备管理技术

自带设备办公（BYOD）正在成为企业发展的趋势，同时也给企业对BYOD设备管理和企业信息安全带来问题。因此，企业移动设备管理技术成为当前的研究热点。目前，这方面的关键技术主要包括数据安全、策略管理、环境感知、应用隔离、用户与设备认证、移动桌面共享等技术。

四、网络安全技术

移动网络安全技术主要分为移动终端安全、移动网络安全、移动应用安全和位置隐私保护等技术。

（一）移动终端安全技术

移动终端安全主要包括终端设备安全及其信息内容的安全，如信息内容被非法篡改和访问，或通过操作系统修改终端的有用信息，使用病毒和恶意代码对系统进行破坏，也可能越权访问各种互联网资源，泄漏隐私信息等。主要包括用户信息的加密存储技术、软件签名技术、病毒（木马）防护技术、主机防火墙技术等。

（二）移动网络安全技术

移动网络安全技术重点关注接入网及IP承载网/互联网的安全，主要关键技术包括数据加密、身份识别认证、异常流量监测与控制、网络隔离与交换、信令及协议过滤、攻防与溯源等技术。

（三）移动应用安全技术

移动应用安全技术主要有三类：一是应用访问管理与控制技术，一般是利用安全隧道技术，在应用客户端与服务器之间构建一个安全隧道，隔离两者的直接连接，使所有访问都必须经过安全隧道，否则一律拒绝；二是内容过滤技术，包括Web内容的过滤、对Web网页关键字及移动代码过滤等，以及通过对邮件地址、附件名等关键字匹配过滤等；三是安全审计策略控制技术，分别由"系统审计策略控制"和"应用审计策略控制"两类承担。系统审计策略控制包括对主体鉴别、改变特权以及管理安全策略的事件；应用审计策略控制包括应用程序应该审计的事件。

（四）位置隐私保护技术

位置隐私保护是当前移动用户最关心的问题，也是移动互联网安全的重要组成部分。位置隐私保护技术主要包括制定高效的位置信息的存储和访问标准、隐藏用户身份及与位置的关系、位置匿名等。其中，位置匿名技术是让移动终端或者第三方的可信匿名服务器对移动用户位置数据信息进行处理，并使它们不能重定位到用户身份，处理完成后，将位置数据信息发送给服务提供者进行位置查询。

第三节　移动互联网在智慧旅游中的应用

旅游业与信息产业息息相关，随着通信技术的高速发展，旅游业与信息技术已呈深度融合之势，信息技术已经渗透到旅游产业的各个领域，极大地推动旅游产业的生产方式、管理模式、营销模式、传播形式以及消费形态的转变，有效地促进旅游业的体制创新、服务创新和市场创新。可以说，通信技术的发展是旅游信息化建设的主要助推器，从电话、窄带互联网到宽带互联网，每一次通信技术的变革均会带来旅游产业的升级。

移动互联网就是移动通信技术与互联网的结合。近年来，随着中国移动、中国电信、中国联通三大电信运营商第三代移动通信（5G）业务的开展，全国各地无线城市建设的兴起，以智能手机为代表的移动智能终端的普及，中国移动互联网进入飞速发展阶段。

在"智慧旅游"中，移动互联网技术可以使游客随时随地获取旅游信息资源。例如，利用移动智能终端查阅旅游信息、订酒店、订机票、订门票、查询当前地理位置等。在出国旅游中，游客可以在手机上进行汇率换算、语言翻译、地图查询等，特别是多国语言自动翻译功能，可以使游客与外国人交流无阻碍。

一、移动互联网在旅游业中的典型应用

随着移动互联网与现代旅游业的深度融合，移动互联网可以为现代旅游业提供各种各样的应用，在各大应用商店中，旅游应用都被单独分为一个类型。综合各方面因素考虑，与旅游密切相关的典型应用大致分为以下六类。

（一）信息服务

游客出行之前只需预先粗线条地制定旅游计划，因为旅途中的天气、交通、住宿、价格，乃至沿途各地的政治和经济等各个方面均充满不确定性，游客可以利用手机等智能终端，通过移动互联网，随时随地获取这些信息，并可以随时调整旅行计划，从而极大地方便游客。

（二）导航定位

在传统的移动定位服务中加入旅游信息，可以更好地为游客提供服务。当确定位置后，用户可以基于当前位置获取交通、天气等最新信息，从而顺利到达目的地；继而还可以通过当前位置获取周边住宿、餐饮、娱乐等实用信息。

（三）休闲娱乐

游客在旅途中有大量的碎片时间，于是，移动互联网通过各种形式的休闲娱乐服务为游客打发这些时间，如在线玩游戏、听音乐、看电影，也可以浏览新闻资讯、刷博客、读书、看报（电子的）等。当然，一些商务人士还可以利用这些时间进行移动办公，包括收发邮件、处理文本等。

（四）电子商务

移动电子商务是电子商务在移动领域的延伸和发展。利用移动互联网，游客可以随时随地进行车票、机票、酒店、餐馆、景点门票等的预订，加上安全的网上支付平台，游客还可以随时对享受到的服务进行支付，省去携带大量现金所带来的诸多不便。例如，游客可以通过官方网站、第三方购票平台等渠道购买电子门票，在景区或展馆刷移动终端上收到的验证码或二维码门票直接进入，省去排队买票的麻烦；游客还可以通过各种打车软件预订出租车，并通过各种支付平台方便地支付车费。

（五）社交网络

目前，人们的旅行越来越偏向于自由行，而社交网络凭借其庞大的用户群以及群内用户之间的相互信任，促使一个个专业的驴友队伍迅速组成，大大刺激旅游业的发展。旅途中，游客们可以通过智能终端，随时随地上传实景图片，分享旅行感受和心得，发表对景区景点的评论。大部分用户会受好友在某个景点分享照片的影响，做出前往该地的旅行计划。更多的数据表明，社交网络已经给旅游业带来大量的订单。同时，社交网络还促进旅游业各环节与游客之间的互动，例如航空公司可以通过公共账号向乘客或接机人员及时发布航班信息及相应的建议。此外，游客还可以随时通过社交软件中类似"摇一摇"的功能，找到志同道合的驴友，消除旅行中的孤独感。

（六）虚拟导游

虚拟导游是近年来比较活跃的领域，从早期简单的点播式电子导游器到现在的基于GPS的专用电子导游器和手机导游应用，给游客的旅行带来全新的感受，也给景区管理带来新的思路。专用导游器或导游软件借助全球卫星定位系统的精确定位，可以对游客眼前景点相关的历史现状、风土人情、文化典故等，采用图片、语音及视频等手段进行详细讲解，也可以向游客发布游览线路，游客还可以根据自己的喜好选择或规避相关景点，并根据自身实时需求，获取景区内配套设施（如餐饮、购物和洗手间等）位置信息。当遇到危险时，游客甚至可以通过特殊的按钮或相应的功能区，在最短时间内将包含自己地理位置的求救信息发送出去，以求获得最快最有效的救援。景区管理者则可以结合景区的实时流量监控，及时合理地向游客发布调整后的游览线路，从而减少景区拥堵，提高游客的舒适感。管理者还可以利用卫星定位系统设置电子围栏，如果游客在灾害天气出行或进入危险地带时，向游客发出警示信息。

二、移动互联网与智慧景区

（一）智慧景区的含义

智慧景区是指在智慧城市以及智慧旅游的总体目标指引下，以物联网、云计算、下一代通信网络、高性能信息处理等现代通信与信息技术融合为基础的，结合创新的服务理念与管理理念，激活旅游景区存量资源，围绕游客感知和景区管理两条主线，建设以游客互动体验为中心、以一体化信息管理为保障的景区信息化和智慧化服务管理体系。

（二）移动互联网在智慧景区中的应用

"智慧景区"建设是一个复杂的系统工程，既需要利用现代信息技术，又需要将信息技术同科学的管理理论集成。"智慧景区"的建设是对景区硬实力和软实力的全面提升，其建设路径主要由信息化建设、学习型组织创建、业务流程优化、战略联盟和危机管理构成。信息化建设和业务流程优化能够帮助景区实现更透彻的感知和更广泛的互联互通，提高管理的效率和游客满意度；创建学习型组织和战略联盟有利于提高景区管理团队的创新能力，培养景区企业的核心竞争力；危机管理可以提高景区的危机反应能力，降低危机发生的概率和减少危机造成的损失。其中信息化建设为重中之重，智慧景区建设工作要重点做好规划管理、资源保护、经营管理、服务宣传、基础数据五个方面的信息化建设。

1. 景区监督管理决策平台及管理平台

为实现管理和服务深度智能化，景区需要搭建监督管理综合决策平台。该平台建立在信息管理平台和众多业务系统之上，能够覆盖数据管理、共享、分析和预测等信息处理缓解环节，为景区管理层进行重大决策提供服务。该平台还应将物联网与互联网充分整合起来，使景区管理高层可以在指挥中心、办公室或通过5G智能手机全面、及时、多维度地掌握景区实时情况，并能及时发号施令，以实现景区可视化、智能化管理。通过管理平台，集中进行景区资源的宣传推介，充分利用规模效应，扩大宣传效果，为景区电子商务服务提供载体，实现行业资源的有效整合及信息共享。

2. 视频监控系统

景区因其自身资源特点，安全保障工作是景区管理工作的重中之重。视频监控系统可对重要景点、客流集中地段、事故多发地段等实时监视，为游客疏导、灾害预防、应急预案制定和指挥调度提供即时决策依据，是实现景区安防、保障游客安全的有效技术手段。

3. 电子商务与票务系统

发展景区电子商务，实现门票、酒店等相关旅游产品的网上预售，有利于促进地方旅游资源的有效整合，扩大经济效益；通过网上预售实现景区客流量预报，一方面为景区管理机构合理安排相关资源提供依据，另一方面对游客选择旅游线路和行程安排起到预先分流作用，从而减少管理资源的盲目投入，提高管理水平和服务质量，降低经营成本，支持科学管理与决策。票务系统建设可有效杜绝假票，减少经济损失，并实现对景区客流量的有效监测，减轻生态环境压力，对促进景区的资源保护与旅游产业协调发展有着深远的意义。

4. LED大屏幕信息发布系统

建立LED大屏幕信息发布系统，面向游客提供景区资源推介、旅游资讯服务和公益宣传，提高服务质量，加强全行业旅游宣传力度，逐步实现景区客源和旅游信息的最大化共享。

5. 基础数据建设

基础数据是智慧景区建设必不可少的重要资料。为此，要加强基础数据建设工作，包括地形图更新、标准化数据、数字化模型库等。

移动互联网给旅游产业带来了很多极具创新意味与实用价值的改变。实际上，随着移动互联网的普及，在旅行途中，人们会越来越依赖智能终端和移动互联网。通过当前的大量实践也证明，移动技术让旅游更加智慧，并且它本身就构成了景区的一大亮点。景区还可以借此与游客深度互动，扩大口碑和影响力。

智能手机＋移动互联网＋APP，天生就与景区营销有不解之缘。同时越来越多的景区通过这一方式收获用户与口碑，创新的营销尝试让多方获益。

三、移动互联网与智慧酒店

（一）智慧酒店的含义

酒店是个离不开沟通的行业，与客人沟通发生在顾客与将要入住酒店接触的全过程中。在酒店内部，原来是一些比较传统的沟通形式，例如给入住过的客人寄信件或者明信片来询问对于酒店的意见或者是在客人办理离店手续时与客交谈，询问建议，这些也曾经是客人与酒店之间的最主要的沟通方式，但是现在随着手机、互联网的出现及普及，使得与客人沟通的形式更加多样化。现在的酒店有自己网站、自己的官方微博和官方微信，通过消费者已下载的手机客户端，可以随时与客人进行交流，吸纳客人给入住酒店的建议。不只是酒店对顾客，顾客对顾客也能实现随时分享入住体验，可以随时对酒店进行评价，可以实现顾客与顾客的在线交流，这无形中也是为酒店做了宣传。移动互联网技术的使用令酒店与客人的沟通模式实现了更加多样化的可能。

智能化酒店是指整合现代计算机技术、通信技术、控制技术等，致力于提供优质服务体验、降低人力与能耗成本，通过智能化设施，提高信息化体验，营造人本化环境，形成一个投资合理、安全节能、高效舒适的新一代饭店。

酒店智能系统建设需要满足以下条件。

1. 服务区域智能化

包括智能入住系统、电梯楼层控制系统、智能导航系统、客房可视屏门铃系统、客房智能电话、多媒体互动电视、客房多媒体音响、智能点菜系统、智能会议系统等。

2. 后勤保障智能化

包括顾客服务管理系统、员工管理系统、购销管理系统、固定资产管理系统、经营管理查询系统、营销管理系统等。

3. 酒店环境智能化

包括客房智能温湿控系统、智能调光系统、客房环境智能控制系统、数字监控系统、停车场管理系统、智能楼宇控制系统、综合布线系统等。

（二）移动互联网在智慧酒店中的应用

智能系统是智慧酒店的核心系统，它包括智能停车场管理系统、自助入住 / 退房系统、智能电梯系统、智能监控系统、智能信息终端系统和智能控制系统等。

1. 智能停车场管理系统

智能停车场管理系统提供智能卡计时、计费或视频车牌识别、计时、计费服务；车库入口应显示空闲车位数量，应提供电子化寻车、定位、导引。停车场智能控制系统以集成用户个人信息的非接触式 IC 卡作为车辆出入停车场的凭证，以先进的图像对比功能实时监控出入场车辆，以稳定的通信和强大的数据库管理软件管理每一条车辆信息。该系统将先进的 IC 卡识别技术和高速的视频图像存储比较相结合，通过计算机的图像处理和自动识别对车辆进出停车场的收费、保安和车位引导等进行全方位管理。

2. 自助入住、退房系统

智慧饭店应提供手持登记设备（TABLET）进行远程登记服务或在饭店内建有自助取卡登记、退房系统，客人进入酒店选择登记，提供身份证等有效证件；经过系统核实后进入房间自选模块，选定房间后系统提示顾客交纳押金。押金缴纳完毕，系统自动吐出房卡。退房时工作人员确认无误后，系统给予退房权限，顾客交房卡，系统进行结算，顾客可选择打印发票或账单。

3. 智能电梯系统

应建设智能电梯系统，通过 RFID 技术自动识别旅客房间卡信息升降至旅客所在楼层；无卡者进入电梯应拒绝其任何按键操作；应配备盲文，以便盲人操作。智能电梯具有安全和节能的特点，使饭店变得更加高档、更加智能化。授权用户通过刷卡才能使用电梯，访客需通过对讲系统或通过门厅保安发临时授权卡才能使用电梯；有效地阻止没必要的电梯运行能耗，如小孩玩耍乱按电梯使用电梯者按错楼层，真正做到电梯的有效运行，延长电梯的使用寿命。

4. 智能监控系统

应具有防盗功能、防破坏功能，视频清晰度高，能在黑夜环境中识别车牌号码；应设置电子围栏对超过围栏的进行提醒；图像信息可供其他系统调用；应识别火灾并与消防系统联动。

5. 智能信息终端系统

客房信息终端应支持多种形式（电视、电话和移动终端），应支持多种功能（包括音/视频播放、全球定位功能、带有便携式操作系统、能进行 5G 无线通信、能进行触摸控制、支持无线网、支持视频通话、具有较高的分辨率），应支持多种语言。

6. 智能控制系统

客房智能控制应设置控制单元，网络通信方式支持 TCP/IP 方式，传输数据快且扩展性好。智能终端应能控制空调、灯光、电视、窗帘等，具有模式（睡眠、舒适等）设定功能。客房内应采用节能措施。

此外还应有智能导航系统（自动感应旅客的房卡信息，亮起指示牌，指引旅客找到自己的房间）、智能可视对讲系统（为旅客提供视频咨询服务）和电视门禁系统（通过电视视频看到来访者实时图像）。

第三章　智慧旅游公共服务

智慧旅游建设和发展的内容除包括智慧景区、智慧酒店、智慧旅行社等主体提供旅游产业智慧化提升之外，还包括以政府为主体提供的智慧旅游公共管理与服务，具体涵盖智慧旅游政策规划与标准建设、智慧旅游公共基础设施建设、智慧旅游政务管理与服务、智慧旅游公共信息服务体系等内容。而智慧旅游公共服务作为支撑智慧城市建设，以及联通智慧景区、智慧酒店、智慧旅行社的纽带，促使其成为在当前智慧旅游建设初级阶段，推动智慧旅游建设的牵引、推手和主要内容。

第一节　智慧旅游公共服务提供与发展

一、智慧旅游公共服务提供

（一）智慧旅游公共服务提供背景

科技是第一生产力，科学技术的进步加快世界的前进步伐，全球信息化浪潮促进旅游产业的信息化进程。云计算、物联网、人工智能技术等新兴信息技术的出现，智慧地球、智慧城市、智慧旅游等新概念正在逐渐变为现实，并在世界范围内掀起热潮，智慧化程度逐渐成为一个地区甚至是一个国家现代化程度的主要标志。智慧旅游是智慧城市建设的重要抓手，是智慧地球的重要组成部分，是解决旅游业困境，实现我国旅游业转型升级的有效途径。

1. 迎合散客需求，提供个性服务

随着国民收入水平的提高和消费观念的改变，我国已经迅速进入"散客时代"。与走马观花式团队出行的旅游相比，散客时代的游客更倾向于体验截然不同的个性化旅游产品，这不仅对旅游企业的产品提出了考验，更对旅游目的地的接待能力提出巨大的考验。智慧旅游模式下提供的个性化服务，很好地迎合了散客时代的游客需求。

2. 助力智慧城市，实现双赢发展

智慧城市是城市发展的新兴模式，本质在于信息化与城市化的高度融合，是城市信息化向更高阶段发展的表现。智慧城市建设已成为我国当前信息化建设的热点，智慧城市的建设主要体现在智慧医疗、智慧交通、智慧政府、智慧社区等方面，智慧旅游是智慧城市的重要组成部分。智慧旅游与智慧城市的建设相辅相成：首先，智慧旅游能够推动智慧城市的建设；其次，智慧城市为智慧旅游的发展提供基础环境。

3. 实现旅游业转型升级，建设世界旅游强国

2009 年 12 月，《国务院关于加快发展旅游业的意见》正式出台，首次提出"把旅游业培育成国民经济的战略性支柱产业"，要求旅游业加快转型升级步伐，最终实现从世界旅游大国向世界旅游强国的新跨越。随着新一轮信息技术的不断创新应用，在旅游业各领域的渗透和融合更加深入，智慧旅游将成为实现这一跨越的重要跳板，助力世界旅游强国建设。

（二）智慧旅游公共服务提供基础

1. 科学技术的进步

现代学者定义智慧旅游公共服务多以"技术"定义"智慧"，认为"技术"赋予旅游公共服务"智慧"。虽然目前对智慧旅游公共服务尚无统一的界定，但毋庸置疑的是科学技术的进步促使旅游公共服务提供模式的改变，促使旅游者接受服务、信息等渠道的改变，没有科学技术的支持，智慧旅游公共服务的建设也不可能成功。因此，科学技术的进步为智慧旅游公共服务提供重要前提和基础。

2. 旅游公共服务网络的建设

智慧旅游公共服务建设的基础是原有的旅游公共服务，而近年来随着政府对旅游业的重视，旅游公共服务的建设规划都已经提上城市旅游发展的规划建设议程，以12301旅游服务热线、旅游咨询中心、旅游集散中心等项目为代表的旅游公共服务工程为游客提供便利。智慧旅游公共服务建设，旨在运用先进的科学技术整合现有的旅游公共服务设施与服务，使得旅游者的游程更加便捷。从智慧旅游公共服务建设的宗旨就可以看出，智慧旅游公共服务建设并非抛弃原有的旅游公共服务，而是在原有旅游公共服务建设的基础上进行整合、改进、升级。因此，智慧旅游公共服务的建设成效和速度也有赖于原有的城市旅游公共服务网络的建设成果。

二、智慧旅游公共服务发展

（一）智慧旅游公共服务研究进展

1. 国外相关研究

目前，国外对智慧旅游公共服务的研究相对缺乏，而在国外相关研究中，与智慧旅游、旅游公共服务联系最紧密的研究就是旅游公共信息服务的研究。布哈利斯（Bukharis）提出，信息交流技术不仅帮助消费者辨别、定制、购买旅游产品，同时也为旅游供应商提供有效工具，使其在全球范围开发、管理以及分布产品，从而促进旅游产业全球化的进程。布伦特·里奇（Brent Ritchie）以加拿大亚伯达为例，就旅游目的地营销系统中的旅游信息提供内容、方式与体系进行研究。他认为，搜索引擎、运载能力以及网络速度的发展，影响着全球范围内运用科技手段来策划体验旅程的旅游者。波特（Porter）认为，在全球范围内，信息交流技术促使旅游发展转型，不断发展的新技术使得商业行为、战略以及产业结构发生变化。

2. 国内相关研究

我国关于智慧旅游公共服务方面的研究相对较少，并且尚不成熟，研究内容主要集中在智慧旅游公共服务的内涵与外延、智慧旅游公共服务的体系、智慧旅游公共服务平台建设、智慧旅游公共服务提供模式等四个方面。

（1）智慧旅游公共服务的内涵与外延研究

智慧旅游公共服务的内涵方面，学者观点各异，秦良娟提出一个新的理念，她认为利用云计算相关理念和技术构建的旅游公共信息服务系统可以称之为云计算时代的旅游公共服务；黄超、李云鹏认为智慧旅游公共服务体系是面对散客时代对于旅游信息资源的巨大需求，将智慧的思想和手段植入城市旅游公共服务的运营与管理过程中，以实现旅游城市整体运营方式转变的一种新型的旅游宣传营销与接待服务体系。在智慧旅游公共服务的外延方面，金卫东指出"智慧旅游"对于构建现代旅游公共服务体系具有重要意义，是解决并满足民众海量个性化旅游需求的必然选择，是为广大民众提供旅游公共产品和服务的主要渠道，是旅游产业转型升级的重要举措。张凌云分别从运营模式、提供主体模式、评价体系等方面对智慧旅游公共服务进行探究。

（2）智慧旅游公共服务的体系研究

智慧旅游公共服务体系构成方面，黄超、李云鹏认为智慧旅游公共服务体系分为旅游公共信息服务、旅游公共交通服务、旅游公共安全服务和旅游公共环境四个方面。另外，有一部分学者专项研究智慧旅游公共服务体系的一个子体系——旅游公共信息服务体系，黄羊山认为旅游信息服务需要跟上新技术的发展，如何有效地利用新技术，利用旅游者自身携带的装备，是需要解决的事情。乔海燕将旅游公共信息服务系统分为旅游公共信息平台系统、旅游信息指示系统、旅游交通服务系统和旅游咨询服务系统等四个子系统。张国丽认为智慧旅游的出现，一定程度上弥补了旅游公共信息服务建设的不足，而旅游公共信息服务系统作为旅游公共服务体系建设的突破口，对提高旅游公共服务的效率及满意度非常重要。

（3）智慧旅游公共服务平台建设研究

智慧旅游公共服务平台多是根据建设地的实际需求和技术背景进行创建的，

因此不同背景下创建的平台多是不同的。韩玲华、姚国章认为智慧旅游公共服务平台由制度体系、基础设施体系、综合数据库系统、共享服务系统、应用体系、服务体系、标准规范体系和信息安全与运营管理体系八个部分组成。刘加凤对常州智慧旅游公共服务平台(硬件基础层和系统支持层、数据库层、中间件、应用层、表现层、用户层等六层构架和规范标准体系、系统安全保障体系、运行维护管理体系等三个体系)进行研究。

（4）智慧旅游公共服务提供模式与管理机制研究

智慧旅游公共服务的提供模式多样，根据实际情况寻求最佳的提供模式是学者们研究的目标。韩玲华、姚国章提出政府主导，旅游企业、信息化服务商和游客广泛参与的旅游公共服务新模式。吴克昌、杨修文对公共服务的智慧化供给模式进行研究，发现西方经历了严格管制型、自由放任型、整体协调型三个阶段，目前各国政府的公共服务供给模式虽不尽相同，但总体上可以分为三种：以美国和英国为代表的市场导向模式、以欧洲为代表的社会福利模式和以东亚为代表的政府干预模式。我国公共服务智慧化供给模式呈现以下趋势：合作式供给；区域一体化供给；全触式供给。另外，在智慧旅游公共服务管理机制方面，李萌提出智慧旅游是运用现代电子技术和信息技术构建的一种全新的旅游产业运营和管理体系，能够在旅游者、企业、利益相关者和行业管理者之间建立一种网状交叉互动的资源共享和价值共创平台，是旅游公共服务管理机制的一大创新。

（二）智慧旅游公共服务发展动态

我国旅游发展历经信息化、数字化、智能化的过程并逐渐迈向智慧化的进程，李云鹏等认为这一历史进程可以看作一个广义的信息化进程。但事实上，智慧旅游是我们共同追求的终极意义，虽然随着时代的进步可能会出现更新的理念，但在现阶段至未来的某一个阶段，智慧旅游都将是旅游业发展的理想状态（模式）。因此，既然现阶段把智慧旅游看作一个终极目标，便可以并且应该把旅游发展的这一历史进程看作为达到智慧旅游而不懈努力的一个过程，是一个广义的智慧化进程。通过探究我国旅游的智慧化发展进程，进一步预测其发展方向，可为我国旅游业的发展指明方向。同理，通过探究我国旅游公共服务的智慧化发展进程，了解其发展现状，进一步研究其发展的不足和趋势，可使我国旅游公共服务不断趋近于"智慧"的终极目标。

为了全方位、多层次地了解我国旅游公共服务智慧化进程的现状，需分别从政策层面、实践层面进行探究。

1. 政策层面

一方面，国家政策是智慧旅游公共服务发展的宏观导向，另一方面旅游公共服务是由政府主导提供。因此，该层面的发展直接影响旅游公共服务智慧化的进程。

2. 实践层面

关于旅游公共服务智慧化进程的实践研究，主要从国家和地方两个层级展开，国家级主要对智慧化进行的重要历史瞬间进行记录。

第二节　智慧旅游公共服务设计与实务

旅游业是战略性产业，资源消耗低，带动系数大，就业机会多，综合效益好，在扩内需、调结构等方面起到了积极带动作用。旅游业作为绿色产业被提升到了战略性产业的高度，而随着科学技术的进步、散客时代的来临、旅游者需求个性化、智慧城市建设等诸多要素的相互作用，"智慧旅游"名词被提出，并迅速引起相关政府部门、企业、学者以及旅游者的关注。由于智慧旅游公共服务是开展智慧旅游的前提和基础，因此智慧旅游公共服务的建设势在必行。

一、目标原则

（一）发展目标

以科学发展观为指导，将智慧旅游公共服务工作作为建设国际旅游目的地的切入点和突破口，坚持"政府主导、部门协同、企业参与、市场运作"的原则，按照《国家旅游信息化建设技术规范》《国家智慧旅游服务中心项目可行性研究报告》等有关要求，以深化应用和注重成效为主线，推动新一代信息技术与旅游公共信息服务、旅游基础设施服务、旅游公共安全服务以及旅游行政管理服务有效融合，建设面向旅游者、旅游企业和旅游行政管理部门的智慧旅游公共服务应用体系，加快旅游产业转型升级，推动智慧旅游城市的建设。

（二）基本原则

1. 政府主导

充分发挥政府在智慧旅游公共服务建设中的主导作用，明确智慧旅游公共服务发展目标和主要任务，科学布局，合理规划；加大政府引导性投入，营造有利于智慧旅游公共服务建设的发展环境和条件。

2. 多方参与

充分调动各方积极性，构建以政府、企业、市民为主体，以市场为导向，产学研用相结合的推进体系，整合各类共享资源，增强智慧旅游公共服务建设的协同力。

3. 示范引导

积极按照统筹规划、示范先行、分步实施、稳步推进的方针，有序推进智慧旅游公共服务建设。通过试点建设，充分实践和验证智慧旅游公共服务建设中技术的先进性、模式的可复制性和经验的可推广性，建立适合的智慧旅游公共服务建设模式。

4. 产用结合

紧抓智慧旅游城市建设机遇，大力推进相关智能制造装备产业发展，大力推进智能技术在国民经济和社会发展各领域的应用，以用促产，以产带用，产用结合，实现旅游公共服务相关应用的智慧化、产业升级智能化。

二、设计内容

（一）建设智慧旅游公共信息服务体系

1. 建立信息推送平台

第一，完善信息推送平台。以全方位信息推送为原则，完善信息推送平台，即在原有的信息推送平台的基础上，进行系统整合、补充完善，形成涵盖电脑终端信息推送系统、移动终端信息推送系统、LED信息发布系统、电视平台信息推送系统、广播平台信息推送系统以及报刊平台信息推送系统等六大部分构成的信息推送平台。

第二，整合电脑终端信息推送系统。以电脑为终端媒介的信息推送系统，内容方式多样，主要由官方资讯网站、在线旅游企业网站以及官方微博等形式构成，为了方便旅游信息的推送以及旅游者信息的查找，需将各类电脑终端推送平台进行整合，使各网络平台的组合更加高效，产生协同效应。

第三，实现电脑终端推送系统与其他系统的联动。随着移动终端的发展、散客游时代的到来，电脑终端信息推送系统的霸主地位将逐渐被取代，此时，为了实现全方位的信息服务，需要借助多方信息推送系统，即将电脑终端信息推送系统、移动终端信息推送系统、LED信息发布系统、电视平台信息推送系统、广播平台信息推送系统以及报刊平台信息推送系统等六大部分进行系统整合，实现信息的同步更新以及针对性推送。

2. 建立信息咨询平台

第一，增加电脑终端和移动终端两大在线咨询系统。鉴于网络、移动技术的发展，问题解决的及时性等要求，留言、信箱等网络咨询形式已经无法满足旅游者的需求。因此，要构建电脑终端信息咨询系统和移动终端信息咨询系统，两大系统均必须实现实时在线咨询、留言以及发送和接收邮件等需求。

第二，整合旅游信息声讯服务系统。整合本地旅游服务热线，依托国家12301旅游服务热线，避免出现"一地多线"的现象，完善声讯服务系统的相关信息提供人员的知识结构，禁止出现推脱游客或是转移游客到其他热线等现象的出现。

第三，完善与升级旅游咨询中心集群信息咨询平台。对原有的旅游咨询中心进行改造升级，通过采用多媒体和数字化技术，依托互联网，提供人际交流、网络互动和自助查询等旅游信息咨询服务。并且根据人流，合理进行咨询中心的布局以及规格设置，规格主要分为主中心信息推送系统、分中心信息推送系统、信息亭信息推送系统、触摸屏信息推送系统等。

3. 建立信息反馈平台

第一，建立三大平台子系统。为了实现信息推送与咨询效果的反馈，需构建信息服务有效性监测系统、信息服务有效性评估系统、信息服务有效性反馈系统三大平台子系统。信息服务有效性监测系统完成信息推送和咨询层面信息有效性的监测，主要由信息后台管理系统、游客满意度调查机制（游客满意度点评系统）、游客投诉信息收集等部分构成；信息服务有效性评估系统完成信息服务有效性监测系统的监测数据进行统计、分析与评估；信息服务有效性反馈系统完成信息服务有效性评估系统所得的评估结果反馈到信息推送平台以及信息咨询平台的任务。

第二，建立三大子系统联动机制。建立信息服务有效性监测系统、信息服务有效性评估系统、信息服务有效性反馈系统三大平台子系统的联动机制，使三大平台子系统形成一个良性的生态系统，最终实现信息发布、提供的高效性与精确性。

4. 建立技术支撑平台

第一，建立智慧旅游云数据库。强化资源整合、信息共享和政务协同，加快开放统一的智慧旅游云数据库建设，采集定位的信息、商家提供信息、景点实时信息、游客反馈信息、现有运行的各种系统信息，以智能卡、智能导游仪、智能查询技术、智能手持终端、现有网络设施等为载体，进行最大程度的聚合，将海量信息进行有效的挖掘，提取使之变成有序的整体，提供智能旅游计划、电子票务、网上预约、景点信息查阅、旅游信息统计等信息供游客、商家、景点管理者、政府相关部门使用。

第二，建设智慧旅游物联网平台。用局部网络或互联网等通信技术把传感器、控制器、机器、人员和物等通过新的方式连在一起，形成人与物、物与物相连，实现信息化、远程管理控制和智能化的网络的智慧旅游物联网平台。

第三，建设信息网络基础平台。

全力推进云计算平台、信息基础设施集约化平台、政务信息资源交换共享平台、信息安全"四个平台"建设。云计算平台：统筹规划定位三大云计算公共服务平台，探索基于云计算服务的新型商业模式，支撑传统产业转型升级，创新电子政务的体制和机制，降低社会服务成本。实践中需要制定云计算平台相关技术标准和服务规范，有序推进云平台建设和应用。

信息基础设施集约化平台：加快信息基础设施集约化建设，以下一代通信技术发展为契机建设覆盖全市的高速信息网络和宽带无线网络。统筹规划和管理三网信息网络资源，推动广电和电信业务双向进入试点，探索三网融合协同机制。住宅小区信息基础设施集约化建设先行先试，解决"最后一公里"难题。

政务信息资源交换共享平台：建设政务信息资源交换共享平台，解决政务信息资源纵强横弱、条块分割问题，创建信息交换、信息共享的方式和环境，规范数据采集口径、采集方式、服务方式，建立统一的资源信息整合与交换机制，构建新型政务模式。

信息安全平台：建设具有全面防护能力的信息安全体系，统筹建设全市的灾备中心、病毒防范、无线电监管、信息安全应急等信息安全基础设施，有效保障网络、政务系统、重大民生系统以及各种新技术装备的安全运行。

（二）建立智慧旅游基础设施服务体系

1. 建立交通服务平台

第一，建立一个信息服务中心。建立旅游交通信息服务系统，整合公路、航道、港口、场站、铁路和机场等交通地理信息资源。

第二，建立一个交通管理平台。一是实时感应与实时控制。通过在交通线路随处都安置的传感设备，并将它们连接到集中控制的管理系统中，从而实现实时获取路况交通信息，以帮助监控和控制交通流量，减少道路的拥堵。二是及时预知与及时调整线路。游客可以通过各种设备和途径及时获取实时的交通信息，并据此调整路线，从而避免拥堵，减少在路途中的时间浪费。例如，游客在计划游览某景区之前，可以通过移动设备获取计划路线的拥堵情况和推荐的路线，用于规划行程的路线和目的地等。三是实现更加广泛的互联功能。利用物联网技术，实现车辆与网络的互联，从而指引车辆更改路线或优化行程。

第三，完善旅游集散中心体系。根据人流和位置对旅游集散中心重新进行合理的布局和搭配，旅游集散中心体系主要由集散中心、集散分中心、集散点三种类型构成。

第四，建立两大交通系统。建立公共交通系统和自驾车服务系统两大交通系统，公共交通系统涉及智能公交系统、智能地铁系统以及旅游观光巴士运行系统等；自驾车服务系统则主要涉及自驾游游客。

虚拟交通引导员。一是精确专业的 24 小时城市交通引导。通过测绘技术，获得城市和景点精确地图信息，使用交通引导系统为旅游者提供旅游过程中的交通引导服务，同时分析游客提供的旅游计划和要求，为每一个游客提供个性化和专业的 24 小时引导服务，减少游客对城市的陌生感。例如，可以为游客提供路线引导，景点导航，特色餐馆、加油站、旅馆等配套旅游设施的引导等。二是可信赖的安全引导服务。通过在游客旅游过程中定位游客的位置，在紧急情况下，为游客提供紧急路线引导和救援等，保证游客旅游安全。例如，可以通过 GPS 快速定位到受困旅游者的位置，引导旅游者找到正确的路线，或者通知救援机构实施人员救援。

无人值守收费系统。一是自动化的收费服务。通常的路桥收费、停车收费以及公共交通收费都采用有人值守的管理方式，这样浪费了较多的人力，无人值守收费系统通过利用 RFID 技术以及激光、照相机和系统技术实现，通过各种传感器控制系统，实现旅游者在通过道路和桥梁、使用停车场、搭乘公共交通工具时自由行动，从而使旅行更加方便快捷。例如，使用 ETC 技术，实现在高速公路上无人值守收费，系统会自动获取到安放在汽车内的 ETC 设备的账号信息，使得扣费操作与汽车放行同步完成。二是支付交通费用更加便利。在旅游者支付交通费用时，通过无人收费设备自动获取到旅游者持有的标识信息，用以对游客收取费用，节省了游客支付交通费用的时间。

车辆调度与实时追踪系统。一是统一、安全、有效的车辆调度。城市中的车辆调度通常是小范围的，缺少全局车辆调度管理的车辆管理系统将会为繁忙的城市交通带来拥堵和安全事故，车辆调度与实时追踪系统将所有的城市交通工具信息纳入统一的管理系统之中，通过实时监测当前的交通信息，对城市中的交通工具进行统一的、安全的、有效的集中调度，优化城市的交通状况。例如，在某一旅游景点的离开人数较多时，可以调度在该景点周围或其他离开人员较少的景点的出租车和其他公共交通工具前往该景点装载游客，从而减少游客的滞留数量。二是实现精准定位，快速响应事故。由于城市中交通工具是流动的且数量庞大，在事故或紧急情况发生时，能够实时准确定位到指定的交通工具是很困难的，通过安装在交通工具中的GPS定位系统和各处的传感设备实现对所有运行的交通工具进行精确定位，一旦某些交通工具发生事故或紧急情况，可以立即反馈到管理系统中，管理系统会快速作出响应，通知各相关部门进行处理。

2. 建立游憩服务平台

第一，完善城市公共设施服务。根据旅游企业以及相关休闲设施的分布，对城市公共设施进行普查，并查漏补缺，完善城市公共设施，涉及邮政、金融、医疗、无障碍、环卫等。

第二，建立城市无障碍导引系统。建立为散客服务的城市内的以手机客户端和城市自助导览系统相结合的城市无障碍导引系统。

第三，整合旅游支付系统。整合旅游支付系统，包括无障碍刷卡系统（后台支持系统、铺设刷卡消费终端设备和发行中国旅游卡等）、在线支付系统（电脑和手机）。

第四，建立旅游休闲设施智能管理系统。建立旅游休闲设施智能管理系统，涉及公共游憩区、特色街区、游览观光步道、开放式景区等公共景观和游览设施的管理、维护以及相关服务的提供。

（三）建立智慧旅游公共安全服务体系

1. 建立智慧旅游安全监测平台

构建由旅游风险监控系统、旅游风险评估系统、旅游风险预警系统三部分构成的智慧旅游安全监测平台，通过摄像机、RFID、传感器等监测感知自然、社会环境中存在的风险因素，通过风险评估系统对风险的程度及可能造成的威胁进行评判与预估，并根据风险的等级进行预警。

2. 建立智慧旅游安全管理平台

第一，建立普通与电子协作执法系统。完善普通执法系统，开发电子执法系统，实现普通执法与电子执法的协调配合，产生协同效应。

第二，建立突发事件应急处理系统。旅游者在旅游过程中难免出现紧急情况（如伤病、事故等），需要第一时间为游客提供救助指导，同时联络各有关机构对游客进行救助，通过将游客所持有的移动设备链接到救助系统或在特定地点设置固定救助设备等多种方式，旅游者的实时状态将反馈到救助系统，一旦紧急情况发生，设备通过自动感应或旅游者自主求助方式将游客当前所处的位置、状态等信息反馈到救助系统，救助系统会根据反馈信息回送相关的应急处理方法给游客，游客会根据回送信息进行自救处理，同时系统会根据反馈信息通知各有关机构（如医疗、消防等），有关机构根据信息实施救助，从而缩短旅游者紧急救助过程中浪费的时间，为游客提供安全性更高的保障。

第三，开发旅游保险系统。政府应推动保险机构开发针对旅游饭店、景区等旅游经营主体的责任保险及游客的意外伤害、行程取消、行程延误、财物丢失、医疗救助等个人保险示范产品，并采取在线、实体等形式向旅游者提供。

3. 建立智慧旅游安全监督平台

构建由新闻媒体安全监管系统、从业人员安全监管系统以及游客安全监管系统共同构成的智慧旅游安全监督平台，形成全方位的监督体系。

（四）建立智慧旅游行政管理服务体系

1. 建立智慧旅游政务管理平台

第一，建立两大政务平台子系统。建立由自动化办公系统（包括电子政务系统和协同办公系统）、移动办公系统两大子系统构成的智慧旅游政务管理平台。

第二，形成平台子系统间的协作机制。两个平台系统需实现无缝衔接，使随时随地办公成为可能，两者涉及的政务内容保持一致，并且应该同步更新，内容涵盖工作的各大子系统，如政务信息交换共享系统、人事管理系统、内部信息系统、会议管理系统等等。

2. 建立智慧旅游行政管理平台

第一，建立和完善旅游行业四大平台系统。建立和完善智慧旅游行业运营监管系统、行业旅游信息报送系统、行业旅游服务质量评估系统以及黄金周智慧旅游管理系统。

第二，建立游客流量动态监测系统。首先，建立实时游客流量监控系统。一是快速、准确、实时的游客流量监测与预测。通常监测游客流量使用统计出入人数或估算人数的方式，这就造成游客流量的监控缺乏实时性并且会产生估算数据不准确的问题，通过采用电子门票、照相、红外人像识别、激光等技术，特定范围游客流量的实时监测，并实时反馈到统一的游客流量监测系统，通过计算和分析得出相应的流量控制策略，提交决策者决策。二是科学的流量异常预案。在发生游客流量异常之前，游客流量监控系统通过结合历史流量数据和当前流量的数据可以更加精确科学地预测出特定时段，特定区域内的游客流量，以此做好流量异常预案，并将流量信息及时通知旅游者。三是快速、高效、人性化的游客流量调控。在发生游客流量异常时，游客流量控制系统通过连接到系统的流量控制设备执行游客流量控制，游客流量控制设备直接连接到控制系统，并由指挥中心直接控制，可以有效地缩短流量异常到执行流量控制的反应时间和处理时间，使游客流量控制更快速、高效，使游客在人流高峰时也有较好的游览体验。

其次，实现城市旅游流量的优化。一是系统的城市旅游流量数据分析优化。各个城市的旅游数据是一个信息宝库，限于技术的原因，往往不能得到很好的分析利用，而通过采集城市中历年旅游相关数据信息，收集各种媒体中与该城市旅游相关的数据，结合游客旅游的反馈信息，进行深入的分析，得出城市中旅游流量的变化趋势与规律，再根据规律制定科学有效的旅游流量规划，灵活调整城市旅游的发展策略，能够让城市的旅游流量更加优化，游客更加乐意到城市来旅游。二是多城市的数据共享与互联。各个城市之间的游客流量数据的共享与互联并不完善，而通过建立统一的城市游客流量数据的共享与互联系统，实现同时分析多个城市之间旅游流量的变化，得出的规律可以用于优化各城市的游客流量。例如，游客在游览完一个城市之后，在其进入下一个城市之前，系统即完成与另一城市的交通、旅游、住宿、餐饮等的联动，为其做好进入下一个城市的准备。

3. 建立智慧旅游营销管理平台

第一，建立两大营销系统。结合传统媒体和新媒体的优势，建立由全媒体营销系统和自媒体营销系统构成的两大营销系统，两者优势互补，最大限度地覆盖所有的旅游者群体。

第二，建立营销效果监测系统。鉴于信息技术的日新月异和人们需求的不断变化，一成不变的营销方式将远远不能满足营销需求，因此应建立营销效果监测系统，使智慧旅游营销管理平台形成一个反馈系统。

三、智慧旅游公共服务实务

(一)旅游公共信息服务

1. 信息推送(发布)平台

完善城市公众旅游信息咨询与服务系统，通过各种信息传播媒介和服务咨询通道，向游客提供全面的、立体的旅游信息和旅游咨询服务，并在游客自行获取信息的基础上，发展以信息推动为代表的主动式服务模式。

(1)旅游官方网站

旅游官方网站是智慧旅游公众服务体系最重要的渠道，是文化和旅游局对外宣传的重要载体，通过对食、住、行、游、购、娱等信息的整合，为游客提供一个直观的信息展示平台，也是城市形象的窗口。智慧旅游广告服务平台项目设置的合理性、美观性、信息准确性在很大程度上能影响游客访问的去留。

(2)手机 WAP 官方网站

随着智能手机的普及，手机网民有爆炸式的增长。作为旅游业移动网络应用有效的补充，一个清晰、便捷的 WAP(Wireless Application Protocol，无线应用协议)网站能够吸引更多的游客，满足不同游客的旅游需求，手机 WAP 官方网站的主要功能，是为游客提供旅游公共服务方面的信息，增强旅游咨询平台的业务功能，增加游客获取旅游咨询的渠道。其基本功能和门户网站基本相同，即具备门户网站所有功能和电子商务业务系统所有功能，但对于吃、住、行、游、购、娱等的详细介绍页面的图片是图标信息。

（3）24小时旅游咨询中心

咨询中心通过人对人的方式，把旅游服务、旅游咨询的功能有效地结合起来，最大限度地满足游客的需求，为游客提供丰富而有针对性的旅游咨询、旅游产品订购、紧急状况帮助等服务，是一个城市旅游服务形象的窗口。咨询中心将实现一号呼入，各地协同答复的功能，为广大游客提供旅游前咨询顾问、旅游中实时帮助、旅游后投诉受理等信息咨询服务。咨询中心的建立必将极大地提高旅游系统的公共信息服务能力，提升旅游系统的服务形象，为提高广大游客对旅游服务满意度作出贡献。

（4）旅游电子触摸屏

通过在景区、旅游集散点、酒店、车站等地设立触摸屏，建立起获取旅游景区、酒店、交通等有针对性信息的查询平台，增加游客获取旅游信息的渠道。

（5）高清互动电视旅游平台

数字电视产业在飞速发展，尤其是高清互动电视平台能够实现业务层面的三网融合，从单一的视频业务服务转向综合信息服务。全国已经普及高清互动电视，实现由"看电视"到"用电视"的巨大转变。2010年，广电网络公司开始着手进行三网融合第一阶段试点工作，逐步对广电用户进行双向互动机顶盒更换，跨越多个不同网络，实现多种信息编码融合和共享，积极、稳妥地推进互动电视业务的发展。

高清互动电视旅游平台，可以实现信息的统一管理、发布，通过统一接口与数字电视、IPTV、移动电视对接，实现文字资讯、高清图片、视频等信息实时推送，并通过其专属频道发布。智慧旅游公共服务平台的建设，可以利用高清互动电视平台，开通具有地方特色的旅游专用频道，服务于人民。

2. 信息反馈平台

通过公众旅游信息协同工作平台，将各类旅游信息的报送、审核、发布工作按照信息来源的重要性、安全级、管理层级、工作职能等进行高效、合理的分配，实现不同信息间、不同工作间的协同运作。同时，在保证信息的准确、安全前提下，又实现工作效率的大大提升。公众旅游信息协同工作平台，为不同的部门之间建立起统一的报送接口，通过统一审核机制进行信息筛选、发布。

3. 技术支撑平台

（1）智慧旅游综合数据中心

随着旅游信息化建设的逐步开展和升级，将有众多的信息服务系统和服务渠道，这些渠道将从各自的数据库中获取相关的数据信息，而众多系统之间，难免出现数据信息相同的情况，为了避免重复建设，更为了提高数据的利用效率，故首先建设智慧旅游综合数据中心。通过多元渠道数据中心的建设，实现旅游信息资源整合，一次录入，多渠道通用；软件系统之间信息的互联互通；标准数据接口的提供；实现数据的共享性、完整性、准确性；减少数据库的重复建设投入，并为实现智慧旅游做铺垫等。

（2）智慧旅游公共服务平台

智慧旅游公共服务平台包括智慧旅游综合数据中心、智慧旅游公共服务平台中间件系统、地理信息系统（GIS）平台等为应用体系提供基础软件支撑，为数据资源的一致性、安全性、完整性以及共享性提供保障，为各应用系统的 GIS 展示提供基础数据和服务。基于旅游信息标准的智慧旅游公共服务平台，建设内容包括旅游信息数据中心与数据交换系统，并将之作为智慧旅游建设的信息基础，实现按照统一的规则获取采集旅游信息，按照统一的数据标准进行集中存储，并按照统一的交换标准通过各种平台发布，最终实现旅游信息的智慧化。

（二）旅游基础设施服务

1. 游憩服务平台

由旅游企业和第三方开发商参与开发出地方旅游相关手机应用产品。游客下载安装应用后可以通过手机查询目的地旅游信息，实现部分旅游产品的手机预订和支付，并可以通过自动定位查询周边旅游资源和消费场所。系统还可让游客参与旅游过程的分享传播和旅游评价变得更加便捷。通过无线位置服务和手机应用的结合，游客可以快速查找所在位置周边的旅游信息。

2. 交通服务平台

地理信息系统（GIS）是智慧旅游公共服务平台依托的基础平台之一，需要将城市的地理平面和空间信息电子化，为使用者提供直观的空间概念。智慧旅游公共服务基于地理信息公共服务平台的应用框架。通过地理信息系统（GIS），能实现地图浏览、基本地图操作、动态查询服务、动态图层服务、图层管理、系统集成等基本功能以及景区数据管理分析系统、导游、导览、导航、网上虚拟旅游、旅游路线规划查询等拓展功能。

（三）智慧旅游行政管理服务

旅游行业管理主要针对地区旅游从业单位、各景区及配套设施单位进行有效管理，为各单位办事提供便捷通道，及时获取行业信息与通知，并与省旅游平台互联互通。旅游行业管理系统主要对从业人员管理、旅游执法、导游管理、旅游企业级别认定管理等模块进行建设开发，并与省旅游平台互联互通。

第四章　智慧酒店新业态及应用实践

第一节　智慧酒店的定义及架构

随着国民经济的持续发展，大众旅游、商务旅游的浪潮正排山倒海地涌来，游客、住客对酒店服务的要求亦水涨船高，而且需求各异。在信息爆炸的时代，如何满足海量的个性化需求，是各酒店管理者普遍面临的一个新问题。况且我国酒店还在不断建设中，行业竞争日益激烈，星级酒店面临前所未有的挑战。如果仅仅依靠传统思维和模式去面对这一挑战，几乎已成无解的方程，连锁化、信息化、国际化和节能化已成为中国酒店发展的必然趋势。智慧酒店就是在这样的大背景下出现并发展起来的，它通过对酒店服务相关的各类信息进行整合，向住客提供各自所需的系统服务，从而吸引了潜在的客户资源，实现酒店管理与服务质量上的飞跃，赢得了市场增量。

一、智慧酒店的定义

从现阶段实践应用的角度，智慧酒店是利用信息通信技术实现对业务流程各环节的自动感知和自动处理，用新技术对酒店业务管理所有的信息系统进行整合使用，释放系统间数据的流动性，从而实现改善经营中的管理流程和服务流程，提高酒店的服务效率和效益，提高住店客人的满意度和忠诚度。因此，智慧酒店可以简单定义为：利用云计算技术、精准定位技术、移动互联网技术、物联网相关技术、数据分析技术等手段，实现酒店的精准管理、敏捷服务和有序经营，形成酒店与客户之间相互感知、信息播送的服务生态系统，可以提升酒店经营的扩展能力和市场竞争优势。智慧酒店包括经营中的智慧管理、智慧服务和智慧营销，现阶段采用的核心技术是移动互联网、物联网和云计算，用来实现智慧的平台化管理和平台化服务，从而增加了客户的服务体验，降低了酒店的能源消耗和管理成本，创造了数字经济的增量。

智慧酒店建设同样是酒店信息化发展过程中的里程碑阶段。智慧酒店的建设紧紧围绕客户体验和创造收益增量：客户体验就是用信息技术改善客房环境、用餐环境和娱乐环境，让客户在享用服务的过程中有快乐感；收益增量就是通过在线化，提升酒店的数字经济收益，不断提升自己的在线直销份额。另外将逐步改变酒店经营模式，由于在线营销系统大大节约了酒店的经营成本，因此酒店传统经营模式将被引导到全新的智慧平台之上，让酒店经营在线化、数据化，由线下服务转为线下线上相结合的经营模式，既降低了经营成本，又扩大了销售面，从而实现酒店收益的转型升级。一个智慧酒店平台也是酒店充分展示形象和提供产品服务的平台，可以推进酒店产品的深度开发，为消费者提供个性化的在线服务产品，从而进一步放大酒店资源的综合效益。

酒店智能化是一个不断丰富、发展的领域。酒店作为直接面对客人提供服务的场所，应不断创造环境让客户感受到高科技带来的舒适和便利。那么，怎样的酒店才是智慧酒店呢？客人在酒店内任何地方，可以随时随地上网获取服务；在客房，客人可以用智能终端或移动终端查询自己的服务，也可以申请新的服务；酒店与客户之间可以相互感知，了解对方的状态，提供需要的个性化服务；即使客人不在酒店内，也可以通过移动互联网实现咨询、获取服务；酒店可以利用新媒体，建立自己控制网络舆情的自媒体平台，并与分销渠道互通信息；酒店物耗、能耗、人员成本、财务控制等，也应实现智慧化管理，把管理成本降到最低，以创造效益。所有这些，都是一个智慧酒店必备的基本要素。因此，在智慧酒店建设的总体框架下，酒店应该为客户提供智能化的设备和应用系统，比如智能门禁系统、智能取电开关、交互视频体系、智能安保、智能互动体系以及智能接待体系等。

二、智慧酒店的架构

智慧酒店是一个新业态的概念，是未来酒店经营发展的一个方向，其组织框架目前还没有形成固定的模式，某些地区依据新一代信息技术正在逐渐形成智慧酒店的典型模式，比如北京智慧饭店建设规范、杭州市智慧酒店建设规范等。杭州市智慧酒店建设框架将智慧酒店的应用架构分为四个层面，分别为面向酒店的基础设施建设层、面向旅游管理的应用层、面向公众服务的应用层、面向旅游营销的应用层。

下面将简单介绍智慧酒店建设中的一些主要应用系统。

（一）面向酒店的基础设施建设层

物联网基础设施和数据基础设施一般都由酒店自己直接建设，而其他网络基础设施基本由通信运营商建设或共建。下面简要说明这两个基础设施建设的内容。

1. 酒店物联网基础设施建设

酒店物联网基础设施建设主要用于客人的引导管理、员工管理、设备管理和安保管理等，还可以在互联酒店前厅区域配备入住登记的自助服务设备。这些基础建设需依据酒店规模大小选择合适的设备数量，自助服务设备需具备二代身份证识别、银行卡刷卡消费、自动处理并打印入住手续等功能。智能房卡的互联包括能实现酒店内消费、车辆通行、开启房门、楼层识别等功能。酒店各服务环节的 RFID 配备、标签设计等都属于物联网基础建设的内容。

随着物联网在食品加工业的应用，酒店餐饮管理也利用物联网来实现食品的安全管理，通过食品上的 RFID 标签，可以追溯食品加工的源头，以确保采购的食品安全，让客人在酒店用餐时完全放心。

2. 酒店数据基础设施建设

数据基础设施是智慧酒店建设的关键内容，数据库、数据中心、数据服务设备等都是数据基础设施。从业务需求和实际应用出发，建设内容还包括制定统一的数据采集标准，建立符合自身条件的信息采集长效机制；依据自身条件需求，建立相应的数据库和数据中心环境，如顾客信息管理数据库等；具备信息数据智能分析、处理功能，为酒店电子商务决策提供支持；建立数据共享机制，解决数据交换和共享问题；酒店旅游数据库接口，拥有完善的信息安全保障机制。另外，还包括数据服务策略，建立一套有效的数据使用机制和模型。

（二）面向旅游管理的应用层

经营管理是酒店智慧建设的重点内容。由于围绕管理智慧建设的内容非常多，而且不同的酒店差异性也很大，这里就选择几个目前较普遍的应用系统进行介绍。

1. 酒店监控安防系统

酒店监控安防系统在智慧酒店中称为智慧安防，这是高星级酒店必须有的一个系统。智慧安防主要利用智能监控和智能终端，使用智能视频监控软件监控范围覆盖酒店公共区域，重点监控危害多发地，并具备危机预警功能。其中视频监控控制面板能控制画面缩放和镜头转动等，能实现图像的实时远程观看以及 3G 物联网视频监控等。系统可以记录图像和声音，为处理突发事件提供查询的依据；与防盗报警等其他安全技术防范系统联动运行，以保障住店游客的人身及财物安全。智能终端主要由安防人员或相关责任人携带，当遇到突发事件可以利用智能终端实现协同处理。

2. 酒店智能客房控制系统

客房控制系统涉及电能、门窗监测以及 Mini 吧使用等，目标功能是客房节能、安全、自服务等。为了提升住店客人的体验，系统预设欢迎模式，灯光根据入住的不同时间段自动调整到预设的欢迎模式和亮度，电动窗帘徐徐打开，背景音乐自动响起，自动打开客房内的电视，播放入住欢迎标语和天气信息。系统可以智能调节客房灯光，客房灯光根据不同的需求设置成多种的情景模式（如全亮、柔和、休闲、电视、阅读、睡眠、起夜等），配备灯光遥控设备；系统应能够智能调节客房温度，室内温度过高或过低时，自动感应并启动空调，将客房调整至舒适温度。另外，系统能自动监测门、窗是否关紧，并可根据情况给住店客人温馨的提醒。

3. 酒店客户关系管理系统

酒店客户关系管理系统是酒店经营中非常重要的系统，它从会员管理系统的应用发展起来，可以实现对会员客户的自动销售、自动营销和自动关怀，实现对会员客户的智慧管理和服务。智慧的客户关系管理基于移动互联网，相互能够在线互动，包含客户回访、客户信息反馈、定制信息播送等功能，同时能对各类客户数据进行挖掘分析，及时发现客户消费新需求，为酒店营销决策提供支持。目前，智慧的客户关系管理主要基于大数据分析，能对客户进行各种分类，从而实现对客户的个性化管理和个性化服务。

面向管理的智慧建设还包括酒店人力资源管理，可以对员工实现智慧考评和智慧挖掘，以发挥每个员工的工作潜力。

（三）面向公众服务的应用层

酒店服务的质量与效益一直以来是酒店经营中研究的热点，因为酒店是靠服务来谋生的，酒店能否生存下去靠的就是服务的信誉。因此，在智慧建设方面，服务的智慧化建设就成为智慧酒店建设的关键。一个好的智慧型服务系统，不但能给客户带来快乐的体验，还能为酒店带来持续不断的收益。下面介绍几个目前酒店业应用比较热门的服务系统。

1. 酒店综合信息服务系统

其实这个系统是个信息接驳管控平台，也有酒店称其为信息服务后台系统，它的核心功能就是信息的审核和发布，从而实现对网站、OTA 渠道、分销渠道的信息统一发布和监测，最终控制网络舆情的变化。酒店的门户网站、触摸屏、LED显示屏、闭路电视系统、微渠道（如微信平台）等信息都通过它发布。系统的功能包含酒店信息编辑、审核、发布，住房饮食预订服务以及评论打分、统计，服务投诉，服务对比，旅游景区信息速递，视频演示与发布，环境交通一键通等。另外，系统可实现对酒店相关的实时信息更新，包括客房信息、餐饮信息、娱乐信息、价格信息等及其他一些促销活动的信息。

2. 酒店电子商务系统

在互联网时代，酒店电子商务将是一个必然的发展趋势。就目前来说，许多酒店都已开展了不完全的电子商务，有的通过 OTA 服务商，有的通过自己的门户网站，也有的通过电子分销渠道，但这些电子商务没有整合起来形成系统，如何管理这些不同的渠道，为消费者提供完全的电子商务服务，这就是酒店电子商务系统发展面临的问题。智慧的电子商务需要一个平台，它能为客户提供一站式的服务，而且是个性化的，不但能实现网上预订、移动终端预订，还能实现在线支付，实现真正的网上交易。智慧的电子商务是基于移动互联网的商务，支持多种智能旅游 APP 的支付功能，并形成酒店电子商务诚信评价体系，提高了酒店电子商务开展的效用。

智慧的电子商务系统应提高自己的在线直销比例，而不是依赖 OTA。在系统构建时，应重点做好门户网站的商务流程设计，做好微信平台的商务流程设计，以及做好酒店 APP 的商务流程设计，通过设计规划逐步提高自身的电子商务份额。当然这也离不开电子商务系统的数据分析，挖掘潜在的商机，只要酒店利用自己的系统用心去做电子商务，酒店自己的在线直销份额一定会不断增加。

3. 酒店网站集群系统

网站集群系统主要应用于连锁型酒店或酒店集团，这些酒店有集团总部的门户网站，也有成员酒店的门户网站。而且除了门户网站，这些酒店还有手机网站等微网站，为了便于统一管理，整合运行，为消费者提供更权威的信息，满足这些网站的商务流程及业务的整合管理需要、电子商务一站式服务的需要，就要有网站集群系统来实现管理与服务。集群系统具有应对各网站信息实时更新、协同处理的功能，以及定期对网站安全开展维护性工作，确保网站信息和运行的安全。

4. 酒店互动屏自助服务系统

该系统具备入住办理的自助服务功能,可实现空房查询、房类选择、入住手续办理、银行卡支付等服务。为使住店客人随时了解酒店的所有服务信息,酒店要合理布置多功能触摸屏自助服务终端一体机,如放在大堂、娱乐服务场所以及餐饮服务场所等。新一代的自助服务系统是互动型的,消费者和酒店方可以通过感知提供智慧性的服务,不但可以提升客户的体验,还可以提升对服务的满意度。酒店还需做好设备维护保养工作,确保酒店内的每一台触摸一体机都能够正常使用,以树立酒店智慧型服务的良好形象。

(四)面向旅游营销的应用层

在大网络环境下,未来酒店的营销就是服务,甚至营销就是管理,这足说明酒店经营过程中营销的重要性。智慧型的营销已经和信息时代流行的社交网络密不可分,和移动互联网密不可分,并和智能手机紧密地联系在一起,它可以绑定客户,提供灵活的个性化服务。下面将介绍几个在酒店应用最有成效的智慧营销产品。

1. 酒店自媒体营销系统

自媒体营销系统就是酒店利用社交网络,借助移动互联网以及所有的电子设备,形成平台化的营销服务系统。自媒体营销系统的应用特点就是可以确保发布信息的准确性、实时性和可维护性,并可及时了解营销的效果。通常,系统具备自有和可控的信息发布平台(官方网站、博客、微博、微信等),具备能直接营销到的目标用户群(网站注册用户、微博粉丝、微信好友等),并具备可以独立开展的营销活动(客房/餐饮免费赠送、微博/微信抽奖、有奖点评等),尤其是系统还可以和客户在线互动,营销的效果可以在线了解,效果都是可视化的,所以该系统在智慧营销建设中是最受酒店欢迎的一个产品。

2. 酒店舆情监控分析系统

在移动互联网的大环境下,舆情监控分析系统已成为酒店了解市场影响力的重要系统。该系统不但可实时、动态监测酒店市场舆情发生，而且可引导舆情并解决可能引起的不利影响。该系统通过网络了解客户和潜在客户对酒店的舆情情况，以帮助酒店制订有效的营销策略方案。系统还具备舆情的跟踪、舆情的内容定位以及舆情的屏蔽等功能，在自媒体平台可发布重大舆情的处理结果。

3. 酒店营销效果评价系统

营销效果评价主要是用来优化营销渠道和监测酒店的市场关注度，该系统根据各营销渠道导入的网站流量、咨询量和预订量等，判断各合作网站、酒店平台的营销效果，逐步筛选出合作效果较好的网络营销渠道。在社交网络中，该系统同样可用来评价消费者的消费趋向和关注度，通常通过消费者的注册方式、内容订阅方式、订阅数量、互动频率、关注产品类型以及订阅所用主题等社交变量，分析酒店营销推广后在社交网络中的关注度，寻找在市场竞争力方面的薄弱环节，从而优化或明确进一步提升市场竞争力的营销策略。

第二节　智慧酒店新业态应用

自从智慧酒店出现以来，智慧酒店应用的新业态层出不穷，有围绕管理开展智慧建设的，也有围绕服务或营销开展智慧建设的。可以说，由于智慧酒店的建设，酒店的信息化融合进入了一个崭新的阶段，出现了许多互联网化的服务产品。下面我们将以案例的形式介绍智慧酒店新业态应用。

一、智慧酒店案例——杭州黄龙饭店

杭州黄龙饭店是杭州旅游集团有限公司用10亿元打造的全球第一家智慧酒店，总面积达11万平方米。它位于杭州市金融、商业和文化中心的交界处，拥有现代奢华的舒适环境、高科技的智慧体验以及独树一帜的江南庭院设计，是宾客放松休憩、激发创意、会客洽谈的理想场所。

酒店拥有 593 间各类客房，并配备健身房、游泳池、酒吧、会议室及停车场等设施。智能化系统使酒店的市场竞争力大大增强，开房率持续在 80% 以上，并且平均房价竟比同城同级别同类型房间高出 15% ~ 40%。由于高科技应用的便捷性，杭州黄龙饭店的住客满意率也保持在 90% 以上。

在用高科技推进转型升级和"引领现代奢华体验"的核心品牌理念下，杭州黄龙饭店致力于打造中国本土最高端的酒店品牌，和美国 IBM 公司合作打造智慧酒店品牌。如今，黄龙饭店不仅升级为浙江省首家国家级白金五星级酒店，更是得到了享誉国内外的"全球第一家智慧酒店"称号，吸引了无数酒店从业者和学者的关注，这在酒店业内无人不知。

在智能化方面，杭州黄龙饭店打造了国内最先进的无线网络、智慧客房导航系统，全世界第一套电视门禁系统，全球通用客房智能手机、互动服务电视系统，机场航班动态显示服务，DVD 播放器 / 电子连接线及插孔、床头音响、床头耳机、四合一多功能一体机，iPad 点菜系统等，让客人获得尊崇、体贴、智能的全新客户体验。

下面简要介绍黄龙饭店几个主要的智慧化服务系统。

（一）智慧客房入住登记系统

黄龙饭店智慧客房的入住登记系统，既能缩短入住登记时间，具备多种等级方式，又能保证私密性。如果你是一位 VIP 客人，凭黄龙饭店的智能卡，一进入酒店即可被系统自动识别，无须办理任何手续即可完成入住过程。该系统还配备移动终端，使用手持的移动终端便可进行远程登记，在房内或是地下停车场的车内完成登记、身份辨识及信用卡付款等手续，享受高度隐私。

VIP 客人一进入酒店大堂，该客人的信息会立刻显示到前台的电脑上和大堂经理 / 客户经理的移动终端设备上，提示前台或者客户经理做好接待服务准备。当需要时，可以马上将"欢迎某某贵宾光临黄龙饭店！"的欢迎词以短信的方式发送到 VIP 客人的手机上。这种智慧的识别，极大地提高了对 VIP 客人服务的敏捷性和准确性，提升了酒店的接待服务形象。

另外，在该系统还配备了自助入住机，客人可以自行完成入住登记或退房。当客人入住登记成功走出电梯后，楼层的门牌指示系统会自动闪烁，指引客人直至房间，为客人顺利进入房间提供了便捷的电子化服务。

（二）互动服务电视系统

当客人进入房间后，房内的互动电视系统可以自动获取住店客人的入住信息。如果客人已经入住过黄龙饭店，客房会自动按照客人的习惯进行环境设置，如自动调节温度、灯光亮度等，使客人能马上在自己熟悉的空间里工作或休息。客房的互动电视系统和IP电话系统可自动获取客人的入住信息，内设八国语言系统，可自动选择客人的母语，以欢迎客人入住，还会自动弹出客人上次入住时常看的电视频道，如显示客人的国家信息、国家当地气候及杭州气候等。

系统主要提供酒店介绍、电视频道、娱乐频道、城市指南、点播频道、服务工具等互动服务，系统还提供如中国地理等电子化杂志，为住店客人提供有价值的信息服务和阅读，城市指南中包括旅游信息、交通信息、航班信息等服务。

（三）全世界第一套电视门禁系统

当门铃响起，客人不必走到门前就能知道是谁来访，访客在房门前的图像将自动跳转到电视屏幕上，可以让客人识别并选择以何种形象去开门。

电视门禁系统把电子门禁、摄像头以及电视机整合在一起，为住店客人构筑了智慧体验的安全屏障。客人在房间看电视时，如果有人敲门，电视机就自动切换成门口的画面，客人不用站起来就知道是什么样的人在门口。新一代的电视门禁系统已和酒店监控系统整合在一起，为客房的安全构筑了一道坚实的智慧屏障。

（四）智能工具

在商务客房，黄龙饭店为客人配备了以下智能工具。

1. 全球通用客房智能手机

在黄龙饭店，每个商务客房的电话分机都具备手机系统的特性，客人不但可以手持移动分机终端在酒店内使用，同时可以漫游整个市区。智能手机解决了有些国外手机无法在中国使用的问题；从技术的角度，它可以全球拨打，免费接听，方便了境外客人。在现阶段，杭州黄龙饭店开放了部分信号区域，可在饭店内或杭州范围内的任何地方使用。

2. 四合一多功能一体机

该智能设备兼具打印、影印、扫描及传真功能。住店客人当需要获取某些信息时，只需向客人告知服务中心目的地房间号，清晰的咨询信息就会传至客房的多功能一体机内，并打印出来。住店客人也可以自己使用一体机的复印、扫描和打印功能，以方便商务客人住店期间处理商务的需要。

黄龙饭店的这些智能化服务系统不但给客人带来了便利，同时也提升了服务，其他系统如智能点菜系统、微信服务系统、微网站系统同样带来了良好的服务口碑。比如，iPad点菜系统避免了传统菜单的翻新、修改、更换带来的大量时间、财力和人力耗费以及纸张的浪费；集水系统通过楼宇间的地下过道，作为天然的雨水集水区，采集到的雨水可拿来冲洗地下停车场或浇花。这种智能和环保低碳的有机结合是智慧低碳酒店的重要特征之一。对于智慧低碳酒店，智能化和低碳化是必不可少的元素。黄龙饭店正通过不懈的努力，致力于将智能和低碳有机结合，正在形成多样多元型的"智慧酒店"

杭州黄龙饭店的新技术应用在行业内树立了新标杆，尤其是智能化方面不但遵循了已有的国家标准，更将远远超越现有的标准，真正成为行业的典范并引领下一代酒店的发展方向。此外，高效化也是黄龙饭店追求的目标之一。智慧化系统必然带来工作流程上的简化或者部分程序的自动化和智能化，带来效率上的提高。比如黄龙饭店的自动派工系统，当客人向服务中心提出需求后，服务中心立即产生自动派工单，向客人所在区域的服务人员发出，员工用手持电话接收派工单，完成后，再用电话通知服务中心工作完成。如果在规定时间内没有完成，服务中心就会向领导层汇报，做出反应，尽快为客人提供服务，而无须层层上报，经过多重确认后才能实施完成。这样大大简化了工作流程，提高了服务效率。

杭州黄龙饭店作为"智慧酒店"的典型代表，创新了服务管理模式和服务水平。其中不光有经济效益、社会效益和文化的提升，生态效益的提升也十分显著，可以刺激消费，改变酒店的供需结构，提升管理和服务的品质，推进酒店的科技化文明程度，降低能耗达到绿色环保的新型饭店的建设要求。因此，黄龙饭店的智慧建设得到国内外同行的高度认可和赞同，同时也得到国内外专家、学者、同行及新闻媒体的广泛关注和认可。这些都是"智慧酒店"的"智慧"给酒店业带来的巨大收益。

二、智慧酒店案例——纽约 Yotel 酒店

Yotel 酒店是一家英国连锁品牌，纽约 Yotel 酒店坐落在纽约第十大道，被称为美国十大高科技酒店之一。酒店设计风格新潮，进入酒店有一种置身于太空的感觉，到处都体现了高科技产品的应用，给人们带来不一样的智慧服务体验。酒店前台就是"太空任务控制中心"，酒店客房就像一个个太空舱，Yotel 的创始人西蒙·伍德罗夫 2002 年乘坐头等舱飞往夏威夷的途中萌生了建造飞机头等舱式旅馆的念头，智能客房的设计让住客有一个太空式的体验旅行。

下面简要介绍纽约 Yotel 酒店的几个主要智能服务产品的应用。

（一）行李机器人 YOBOT

客人的行李处理是否有序、敏捷，是影响酒店大堂秩序的主要原因，尤其是接待团队客的时候。纽约 Yotel 酒店首次把智能机器人应用到酒店的行李处理程序中，引起了不凡的影响。

纽约 Yotel 酒店采用世界上有史以来第一个机器人行李处理程序，行李机器人 YOBOT 矗立在酒店大厅的玻璃窗后，负责为住客提供寄存行李、拿行李服务。其在客人办理入住手续前或办完入住手续后会拿起行李并将它安全地临时存储在抽屉墙中的一个抽屉里。

不管是手提电脑还是金银珠宝行李，机器人行李员都会为客人放入专门的储物箱里，同时帮客人看守储物箱。每天24小时值班，这会让客人十分放心自己物品的安全性问题。机器人低调地背对着旁人，一言不发地挥舞着长达3米的机械手臂，灵活地在玻璃隔断的行李间里的117个储物柜之间移动。

（二）自助结算系统

除了机器人，人们还可以在Yotel酒店体验许多其他高科技的应用。旅馆的一层大厅既没有服务经理帮客人办理入住退房手续，也没有笑脸盈盈的门童跟你打招呼。大厅里只站着ATM机一样的一排服务器，闪烁着屏幕欢迎你，邀请你像在银行取钱一样，在自助服务机上办理住宿手续。与此同时，大厅的系统会代替门童，自动播放早已准备好的"欢迎光临"录音。房门钥匙会通过自助服务机传递到你的手上，也不需要服务生带着客人走上楼，电梯会带住店客人直达住宿的楼层。大厅的自助结算系统既能办理入住登记和退房，又能进行其他消费结算，满足了住店客人的个性化需求。

（三）人性化客房

酒店客房的设计集放松、提神、交流和休息于一身，所有客房都挂满了紫色情绪照明灯，客房内设豪华寝具，配有几乎无声的加热和冷却系统、提神的季风雨淋浴间及内嵌平板电视、多个电源插座和iPod接口的"科技墙"为客人的数码设备提供各种便捷的服务。在Yotel旗下所有酒店，所有客房和公共空间都免费提供超强Wi-Fi，方便客人轻松上网。为了给客人提供更加人性化的服务，客房还有客人通过按钮控制就可以调节尺寸的电动床，床还可以自动调整成看电视与睡觉两种模式。

当你想打扫房间时，圆盘形状的清洁机器人会第一时间帮忙清扫，都不再需要呼唤楼层的清洁工。清洁机器人就像小孩子的电动小汽车一样，甩动着圆盘下方的清洁海绵条，嗡嗡地在房间的地板上来回打转。

（四）商务会议及休闲

Yotel 特色酒店共 23 层，339 个睡眠舱，每间面积约 11 平方米，分单人间和双人间，其中还包括三间 VIP 两舱套房。VIP 客房均设有工作站、免费 Wi-Fi 和能转换成台球桌的会议室风格桌。会议室是多功能的，既可以举行商务会议，又可以为客人提供休闲服务。会议室可以给客户提供一个免费的 Revolabs FLX 无线会议电话，为需要的商务客人提供便捷的讨论场所。

（五）露天吧台

酒店还为客人设置了带有游泳池和健身房的宽阔的露天吧台，晚上的露天吧台气氛很棒，视野也不错，喝个饮料，随便找个人聊天都很方便，吧台在设计风格中融入了娱乐、激动和惊喜的元素。

此外，纽约 Yotel 酒店还将虹膜扫描感应器开房门等技术运用到酒店中。新一代的网络和高科技的应用，使 Yotel 特色酒店成为名副其实的智能酒店，为客户提供了在客房、大堂、会议室等环境的真正的高科技体验。

第三节　在线直销中的智慧

酒店的直销产品主要是在线客房。酒店订房随着移动互联网的应用，已越来越便捷。国内各大 OTA 运营商都纷纷推出了移动订房，而且预订量的增幅大大超出了常规的网络订房，已成为酒店业网络订房的新常态。然而，酒店无论是面对 OTA 的 PC 网络订房还是基于移动互联网手机订房，都显得非常无奈，因为 OTA 要收取高昂的预订佣金。而消费者面对 OTA 订房平台同样非常无奈，因为 OTA 的价格无法选择，与自己的期望值总有相差，满足不了自己的个性化需求。消费者渴望自己能与酒店直接订房，而酒店同样渴望自己的产品能直销给消费者，这已成为现代酒店业在网络环境下的共性需求。能否通过移动互联网在消费者和酒店销售员之间直接建立一个互动预订的在线桥梁呢？而且其环境可以是目前最便捷的移动沟通的社交网络,我们在研究中探索了这种订房模式的智慧性应用。

一、酒店订房模式的演变

新技术应用的实践表明,互联网的成功运用已是酒店应对激烈的市场竞争强有力的手段。近年来,互联网的应用如电子邮件交互、网站商务性、OTA 的持续发展,已产生很好的成效,特别是在线营销及预订的增长已成为市场竞争的关键因素。然而,移动互联网的出现与普及应用又表明,酒店仅靠电子邮件、网站、OTA 等的在线营销已无法获取市场的竞争优势,全球化的竞争需要酒店业在当今活跃的移动市场上保持创新和灵活,以寻找新的在线订房模式和营销绩效。

(一)订房模式的梳理

OTA 的出现一度对酒店电子商务发展起着非常重要的推进作用,但随着移动互联网的应用以及酒店竞争的加剧,酒店市场对自己在线直销的呼声越来越高,出现了"去中介渠道"的一些市场行为,或者是中间渠道提供的服务和绩效与在移动互联网环境下自身直销绩效相比较,变得不是很重要的时候便发生了去中介化。这种去中介化的出现是在原来简单的"取代中介渠道"基础上增加了一定的技术环境和移动电子商务背景。从酒店订房渠道的角度研究,移动互联网已使酒店订房演变为在线网络代理和社交网络直销两个全新的渠道,尤其社交网络的普及使酒店自己在线直销的运行成为可能,就顾客能够在网上预订到酒店客房来讲,在线代理商的作用已变得不再明朗,随着网络代理弊端的凸显,以及去中介化呼声的高涨,酒店自身的网络在线直销开始越来越得到人们的关注。

利用移动互联网的直销不仅为酒店带来成本方面、管理方面和服务方面的竞争优势,还可以直接获取到顾客的实际需求,建立各种档案,为酒店实行定制化、个性化服务奠定了基础。同时,通过完美地满足顾客对于购买前的产品和服务的互动信息需求,酒店在移动互联网中满足了酒店顾客的期望,提升了服务,增加了收入,降低了成本。从我国酒店在线直销所创造的价值角度,酒店管理者们已意识到顾客预订行为受移动互联网交互因素的影响,移动互联网便捷的交互功能将对直销产生积极的指导意义。

国内学者试图根据我国酒店面临的网络经济带来的挑战和机遇,探索性地提出酒店在线直销模式。陈炜分析了新兴的酒店网络外包直销模式,提出了网络外包直销酒店供应链下游管理优化的新思路,酒店在加入各种分销渠道的同时,应增强自身网络在线直销的能力。但更多的学者在提出增强酒店自身网络在线直销能力方面,并没有提出合适的在线直销模型。如许忠荣在《商场现代化》中提出了经济型酒店在网络平台环境下的直销模式,应采用"订房系统+酒店网站"的二元模式,分阶段进行酒店独立网站的商务功能建设,并进行全方位、多角度的网络营销渠道管理,但同样也没有提出一个有效的在线平台模型。

尽管有前人的这些研究,但酒店在线直销的运作模式和操作细节还是缺乏的,酒店面对移动互联网还缺乏具体的平台模型。

(二)订房模式的演变

网络订房的出现结束了电话订房或代理人订房的单一传统模式,开启了基于网络的电子化订房时代。在发展过程中,订房模式主要是 B2C 模式,这里的 B 通常指 OTA 服务商或酒店企业,它们通过自己的门户网站开展订房业务;也有部分 B2B 模式的订房形式,主要指酒店与酒店之间的订房、酒店与旅行社之间的订房业务等应用模式。这些订房模式的主要缺点是消费者选择酒店的过程比较长,因为消费者要进行比较,订单的确认环节也比较复杂,要经过多个业务流程,它们都是标准的业务流程,预订效率很低,无法体现个性化和差异化的特性去满足客户。这些订房模式随着时间的推移和移动互联网的普及,逐步在失去优势。

一开始,OTA 服务商的订房都是基于 PC 的网络,它的优势就是有众多的酒店资源,也有众多的消费者资源。它的劣势是消费者订单到不了酒店的前台,预订费用高、效率低,这是一种间接销售客房的预订模式。酒店利用自己的门户网站或平台开展的订房,其优势是订单可以直接到酒店的前台系统,效率高,但其劣势是门户网站的访问用户少,订单量不多,这是一种直接销售客房的预订模式。由于 OTA 服务商有巨大的酒店资源优势,吸引了许多消费客户,它们慢慢地就演变成酒店分销商,成为酒店的电子分销渠道。而酒店自己门户网站的直销模式,由于有实时订房中心管理的高效率,有些就慢慢演变成了在线订房中心或中央预订系统。不管是间接销售模式还是直接销售模式,酒店订房模式都从 PC 网络向移动互联网演变,未来的酒店订房将是基于移动互联网的个性化模式。而且这种演变还在深化,它们将改变基于客房产品的预订模式,这种深化主要体现在以消费者为中心,从消费者的角度,而不是从产品的角度。

从消费者的角度就是由消费者开始叫价,由此出现了 C2B 商务模式,但 C2B 模式在酒店中并不流行,原因是消费者的个性化需求无法满足,因为消费者还是处于被动地位,没有主动性可言。可以在中间增加一个响应环节,即增加 R 来实现消费者与酒店的互动,形成一个 C2R2B 的商务模式。在该模式中,首先由消费者主动叫价,然后由酒店来响应,酒店也可以选择放弃,让其他酒店来抢单,整个过程操作仅在几分钟内完成,形成一个快速互动、交易的过程,在这个过程中订房的价格完全由消费者自己来控制决定,并个性化地获取服务。在社交网络和智能终端技术非常发达的今天,C2R2B 商务模式可以在酒店中以在线直销的方式实现,而且它有利于酒店培养自己直销的网络消费群体,创造市场的竞争能力。为此,我们进行了相关的实验和探索。

二、在线直销中的智慧架构

酒店要体现在线直销中的智慧,需要有一个为直销服务的智慧架构。在智慧酒店建设中,有各种各样的智慧型系统,它们形成了酒店的智慧前厅、智慧客房、智慧销售、智慧餐厅、智慧财务、智慧工程、智慧人力资源管理、智慧安保等智慧系统。通过采用新一代的无线网络技术、物联网技术、移动互联网、精准定位技术以及云计算技术,通过智能服务终端,形成了一个集成的、满足酒店管理与服务的综合平台。这样的平台可以使酒店不同系统的数据流动起来,形成数据共享的环境,便于处理和支持酒店的在线业务。

智慧酒店的建设是建立在酒店管理模式和员工结构模式的基础之上,并有基于云技术的集中机房。它把酒店的 PMS 系统、内部网络(Intranet)、融合网络、监控中心、营销中心、数据中心、预订中心、维修中心以及开放型 CRM 和微门户等整合在一起,所有操作都在桌面云的基础上,都可以实现个性化的配置和统一管理。其中 PMS 是整合平台的关键系统,它必须是开放型的 PMS 系统,而且具有完整的智慧管理和智慧服务功能。这个架构的构成可满足于酒店集团的智慧建设,对于成员酒店就不需要集中机房了,所有成员酒店的使用都在集团的统一平台上操作,各自处理自己的业务,业务数据也由集团统一管理。

智慧架构既可以处理集团酒店的在线业务,也可以处理成员酒店或联盟酒店之间的在线业务,构成了一个完全开放型的酒店综合服务平台,是支持在线服务和在线直销的智慧型平台。

三、在线直销中的智慧设计

这里的智慧设计主要是针对社交网络环境的。在信息技术快速发展的今天,酒店的信息技术应用越来越智能化,智慧酒店应运而生。功能强大的前台系统、便捷咨询的门户网站、微博微信的社交营销、各种渠道的电子分销、基于手机的移动商务等,各种应用应有尽有。然而,酒店发现自己的直接客户越来越少,门户网站少有人访问,微信平台热闹却无实效,会员系统没有交互活力。为什么酒店应用了那么多的新技术和新系统却出现了这样的情况?究其直接原因,是酒店缺少与客户的在线沟通,缺乏在线客服专员的情商纽带,缺乏真正的个性化服务体验,过度依赖所谓的第三方平台,过度依赖 OTA 及分销渠道,使得酒店有了那么多的技术和系统,却远离了在线客人,酒店用这样的方式去对待客人,怎么会有理想的回报呢?

个性化的消费者希望能在酒店直接订房,并有互动过程,而酒店也希望能有自己的在线客户群体,为此就产生了利用社区网络环境探索一个在线直销的订房模式。

首先，可以从分析目前在线订房的业务流程开始，通过分析确定了订房过程的关键流程，决定从选择流程、确认流程、支付流程等环节中进行，利用简单的微信公众网搭建平台。从消费者的角度去构建订房流程，因为消费者的智能手机在移动互联网的帮助下可以非常便捷地访问到酒店的公众账号，了解酒店的基本信息。

OTA平台的订房流程有庞大的酒店资源可供消费者选择，而酒店在线直销的订房模式是在端和端之间进行，通常只有自己一家酒店或少量酒店的信息，来的消费者都是关系客户，或者以前消费过的客户，因此这些客户的酒店选择是很有限的，或者都是有目标的订房客户，他们仅在自己心目中的几家酒店实现订房。为了验证订房流程的时效性，我们先构建了一个酒店信息库，这个库在正式的运行平台上，酒店可以自动加盟，消费者的客户端可以自由选择数据库中的目标酒店，并对这些目标酒店进行互动式的询价，提出自己的目标价位，等待酒店的响应和交流。酒店觉得消费者提出的价格太低也可以拒绝。这时消费者可以在其他目标酒店中再选择酒店，或者其他酒店看到消费者被拒绝，可以快速抢下消费者提出的预订单。

如果酒店接受了消费者提出的价格，就可以接收该订单，预订环节就进入了订单的确认流程，酒店的确认过程仅需按一个键，这时酒店就等待客人在线支付。进入支付阶段流程后，消费者可以选择自己的支付方式，如支付宝支付、微信支付等，支付成功就进入了最后的预订成功界面。出现预订成功的界面后，说明在线订单就生效了，这些预订流程都在社交网络的环境里实现，通过智能手机之间互动的方式在瞬间就完成订房了。

社交网络环境下的酒店直销订房是可以实现的，即C2R2B模式的商务流程是可实现的，它的选择流程、确认流程和支付流程在社交网络环境下可以在短短的几分钟内完成。它与C2B模式的不同点在于响应过程的可选择性和互动性，增添了客人个性化的互动需求体验，而且具有价格的灵活性和几乎零佣金的低费用，非常适合酒店自身的在线直销操作。在实际的 C2R2B 模式应用中，R 的响应过程是一个非常关键的过程，在短短的几分钟内消费者的个性化需求可得到最大限度的满足，这对酒店销售以情商为主导是非常关键的，而且它可以激励酒店的销售员去网上抢订单，去关心客户，去了解客户最近的需求。因此，我们在后台可对销售员进行有效的可视化管理，鼓励他们时刻去关注社交网络中的客户动向，利用该平台去培养自己的消费群体。对消费者来说，自己的叫价总有许多酒店来响应，来关注自己的需求，这比去 OTA 服务商订房有更温馨的体验，有利于吸引更多的散客直接到该平台来订房。一个由消费者直接面向酒店销售员，并由消费者开始叫价的在线直销订房模式可以实施应用，是基于移动互联网和智能手机的又一个订房新业态，它所产生的预订费用在社交网络环境下几乎是零。

四、用智慧提升酒店收益

在线直销能否成功决定于系统设计的三个层面，即客户体验层、客户互动层、商务管理层。它们对在线直销的管理与服务都有着非常独特的提升作用。OTA 能成功就是因为它有庞大的酒店资源可供消费者选择，如果酒店按照 OTA 的订房模式去开展在线订房，不可能会成功。因为你与 OTA 的资源信息没有可比性，你的订房标准流程就无人问津。酒店要获得成功，必须站在消费者的角度，用与 OTA 不同的模式去吸引消费者，用智慧去实现基于情商的服务，这就是消费者的主动定价方式和情商沟通，即 C2R2B 模式，即客户互动响应商家之间形成有效的数据流，这是传统经营的网上体现。酒店销售员通过自己的平台，直接与消费者沟通，开展一对一的服务，通过移动互联网把社交服务与营销捆绑起来，不断地培养自己的在线客户群体，积极关注消费者的诉求，酒店直销的在线订房一定会逐年递增，电子商务收益也会逐年增加。

面对 OTA 庞大的在线订房群体，酒店如何能把 OTA 渠道的客户变成自己的客户，又如何才能与这些客户或潜在客户保持零距离，一切都从在线沟通开始。

C2R2B 模式的核心就是互动沟通，它具备高效率的客服功能。目前，酒店的在线沟通缺乏的是有效平台，但同时有了平台，酒店更缺乏精通客户沟通技巧的在线客服专员，一个精通业务的在线客服专员可以为酒店带来至少几百万的业务。那么，酒店应怎样构建与客户零距离的有效平台呢？我们应从在线沟通的酒店服务圈开始。所谓酒店服务圈就是以 C2R2B 模式建立的酒店自己的社群，是一个互动平台。这个社群可通过各种热门话题吸引会员或常客，并保持互动沟通，处于自发交流的活跃状态，然后通过社群中的服务专员影响会员的服务购买。因此，服务圈中的服务专员非常重要，他们是酒店在线服务的推销员和客人疑问的解答者，是酒店电子商务持续推进不可缺少的服务专员。

酒店与互联网结合的成功靠的就是群体，拥有了群体就有客户基础，群体越大，成功率就越高，有了群体中的客户就能培养忠诚客户，酒店的互联网经济就水到渠成。目前我国有十几亿个手机上网用户，酒店通过在线服务圈能否抓住多少个忠诚客户，这都取决于酒店的在线客服专员。就目前大多数酒店来说，如果没有自己的群，就很难有持续稳定的在线客源。一个酒店如果有 5000 人的在线群体，其中 1000 人是酒店的忠诚客户，这些忠诚客户不但自己可以享受酒店优惠，还可以把优惠转给他的亲朋好友享用，他们就会变成你的常客，那一个有 300 间客房的酒店就几乎没有淡季了。已有事实可以证明，如果一个酒店有 5 个销售员，每个销售员都是在线客服专员，精通酒店的客房、餐饮、会议业务，通过自己的酒店服务圈吸引的客人可以消化超过一半的客房、餐饮商务。因此，酒店业与互联网的深度融合，就需要通过自己的直销渠道开展电子商务，用自己的社交服务圈建立自己的电子商务平台。只要酒店和你的客人保持零距离，通过自己的社交服务圈保持互动沟通，酒店就有做不完的业务。

一个酒店开展电子商务，可以依赖 OTA 扩大自己的销售量，但不能没有自己的在线直销份额，一个没有自己直销份额的酒店根本就没有市场的竞争优势，在网络上也没有话语权。在移动互联网背景下，在社交网络非常发达的今天，酒店可以自己在移动互联网应用领域占有一席之地，培养自己有限的客户群体，这就是 C2R2B 商务模式的用武之地。在智能终端便捷使用的今天，酒店直接采用 B2C 模式已失去市场的吸引力，无法满足消费者的个性化需求。市场需要快速响应消费者的个性化需求，通过互动了解消费者的实际需要，从而获得客户订单。C2R2B 模式可以在社交网络环境下快速解决网络订房中的选择流程、确认流程和支付流程，同时为酒店培养和维系在线消费者，为构建社交服务圈提供了可能。同时 C2R2B 模式可以大幅度降低酒店在线直销的佣金成本，降低消费者在线订房的时间成本。在社交网络安全越来越完善和智能终端日趋普及情况下，C2R2B 商务模式也将成为酒店业在线订房的又一个新业态应用。

第五章　智慧景区新业态及应用实践

智慧景区建设的提出，改变了我国数字景区建设的思路，促使我国旅游转型升级出现了创新的科学旅游观。

第一节　智慧景区的定义及架构

旅游景区的信息化一直在不断深入，21 世纪初诞生的"数字景区"是"数字地球"发展理念在旅游风景区的具体体现，是指风景名胜区的全面信息化，包括建设风景区的信息基础设施、数据基础设施以及在此基础上建设的风景区信息管理平台与综合决策支持平台等。"智慧景区"是在"数字地球"向"智慧地球"转型这一重大背景下，结合景区规划、保护、管理、发展的客观需求而诞生的新型发展态势，是"数字景区"基础上的再一次深化和发展，它不仅仅是数字景区的完善和升级，而且是数字景区向智慧景区转型的时代呼唤。

一、智慧景区的定义

智慧景区围绕管理与服务，有一个建立在云架构大数据基础上的管控平台，是通过对应用系统的整合而形成的电子化景区。经过近几年来的应用实践，我们可给智慧景区下一个比较能理解的定义：所谓智慧景区，是指利用云计算、互联网、物联网、遥感、3D GIS 等新技术，将景区的经营管理与服务高度智能化，使景区的旅游管理和服务高度在线化和数据化，实现景区资源的高效利用，形成景区与游客之间能相互感知、在线沟通的服务环境，实现景区、资源、游客、当地居民的和谐统一。因此，智慧景区使旅游服务的满意度持续提升，景区的经营和发展更加健康与和谐。景区能够通过智能网络对景区地理事物、自然资源、旅游者行为、景区工作人员行迹、景区基础设施和服务设施进行全面、透彻、及时的感知，对景区资源、景区工作人员和游客行踪实现可视化管理，并优化再造景区业务流程和智能化运营管理，从而提高对旅游者的服务质量。

广义的智慧景区是指科学管理理论同现代信息技术高度融合，并与外界通过Internet互联互通，实现人与自然和谐发展的低碳智能运营景区。这样的景区能够更有效地保护生态环境，为游客提供更优质、舒适的服务，为社会创造更大的休闲价值。狭义的智慧景区仅是数字景区的完善和升级，只能够实现可视化管理和智能化运营，考虑较多的是管理效率；而广义的智慧景区能对环境、社会、经济三大方面进行更透彻的感知，实现更广泛的互联互通和更深入的智慧化发展，考虑更多的是管理效益和服务效益。因此，狭义的智慧景区强调的是技术因素及应用，广义的智慧景区不仅强调技术因素，更强调管理、服务与环境生态的融合，追求的是社会整体效益。

二、智慧景区的架构

智慧景区目前主要涉及的内容有：虚拟实景的旅游应用、基于无线的位置服务的运用、电子地图、景区旅游活动的智能化管理系统，以及景区资源保护的智能化管理系统等。虚拟实景的旅游应用，应结合先进的富媒体元素创新融合，打造虚拟实景，可以让游客通过手机、电脑、景区互动信息屏等多途径查询相关景区信息，给旅游者一种身临其境的感觉，增强旅游者的感官认知，激发旅游兴趣。基于无线位置服务和旅游电子地图，则可以实时让旅游者通过手机应用，在如何到达景区、到达景区后如何游玩、适时的景区状况以及紧急救援等一系列问题上得到电子化的指引和帮助，提高游客的旅游服务体验。景区旅游活动的智能化管理系统可以实现景区外部营销、门票的在线销售管理、活动策划和推广、景区舆论统计及数据分析等一系列业务管理。

智慧景区构建的核心是通过传感网、物联网、互联网、云技术、空间信息技术的整合，形成一个一体化综合性服务平台，实现对景区的资源环境、基础设施、游客活动、灾害风险、游客服务等进行全面、系统、及时的感知与可视化管理，提高景区信息采集、传输、处理与分析的自动化程度，实现综合、实时、交互、精细、可持续的信息化景区管理与服务的应用目标。

智慧景区在建设过程中需要考虑的使用对象不仅是游客，还需要考虑景区内的居民，考虑与景区相关的涉旅机构，需要遵循这些对象的不同应用需求，这样建起来的智慧系统就具备人性化的体验。另外，由于现在智慧旅游使用的终端设备已经多样化，智慧景区也需要满足这些不同的设备，如笔记本电脑、平板电脑、智能手机以及互联网电视设备等。需要整合这些设备，使其能使用平台获取服务。景区的门户同样要统一，在智慧景区平台下实现对互联网门户、手机微门户、多媒体门户的集成统一，让游客不管进入哪个门户，其获得的信息内容都是一致的。

智慧景区的建设是一个复杂的系统工程，需要利用现代信息通信技术，将信息通信技术与科学管理和现代服务结合起来，将数据服务与业务流程结合起来，实现各个系统之间的互通协作、数据交换，从而全面提升景区管理和服务水平。借鉴杭州市智慧景区建设规范，智慧景区整体建设一般分为四层，分别为面向景区的基础设施建设层、面向旅游管理的应用层、面向公众服务的应用层、面向旅游营销的应用层。

第二节　智慧景区建设的内容层次

不同的景区对智慧景区建设的内容要求不尽相同，有些景区偏重管理的智慧建设，有些景区可能会偏重服务的智慧建设，也有些景区更注重营销系统的智慧建设，这需要根据景区发展中的实际情况来决定。如杭州西溪湿地智慧景区建设的内容是偏重管理，重点建设了智慧的管控平台；奉化溪口智慧景区建设的内容就偏重服务，强调了智慧服务建设的内容。

一、面向景区的基础设施建设应用层

景区的基础设施核心是网络和数据的设施设备建设，它是智慧系统运行的基础，也是对客服务的技术环境设施。妥善合理地开展基础设施建设，对智慧景区的实现至关重要。下面对这两类基础设施分别进行介绍。

（一）景区网络基础设施建设

网络既是景区通信的需要又是服务的需要，游客需要在景区任何地方可以随时随地上网，在景区任何地方可以接收手机信号、网络信号，保障游览过程中移动通信方便，线路顺畅，无线通信无障碍。景区应实现全覆盖的无线宽带网络，游客在游览过程中可以方便地通过手机查询服务、获取服务，即使游客使用平板电脑等终端，也可以以无线方式连接上网获取服务。通常，景区的网络基础设施可以自建，也可以按照智慧城市的要求统一建设，大多数网络基础设施都是由政府牵头组织建设，景区需要根据自己的应用需要提出网络的具体应用需求。

（二）景区数据中心建设

数据中心是智慧系统运行的核心基础，应是智慧景区建设的重点。景区应从业务需求和实际应用出发，建立相应规模的数据中心。数据中心建设的内容包括数据库、运行环境以及数据应用的模式机制等，还包括制定统一的数据采集标准，建立符合自身条件的旅游信息采集长效机制，以及相应的数据维护制度等。数据中心建设的技术包括：数据处理云 3D GIS 技术，采集处理基于地理位置信息的数据以及基于位置服务的数据；数据共享机制应用技术，解决数据交换和共享问题；数据架构的云服务技术，解决数据的使用模式问题，如数据即服务，数据是生产力，并拥有完善的信息安全保障机制。

数据中心包括基础设施部分、数据管理部分、数据维护部分、数据共享交换部分以及数据安全保障部分。对于云架构的数据中心，由于可以租用公共云的服务，数据中心的基础设施和数据安全保障部分可以租用，景区建设时可以不考虑这部分的内容，而数据管理和数据共享交换的部分是景区建设的重要内容，需要提出自己的应用需求来完成数据中心的建设。

二、面向旅游管理的应用层

面向旅游管理的应用层主要是为景区旅游管理和资源管理提供的一些应用系统，这些应用系统的智慧性将影响景区的管理效益和服务效率，是景区智慧建设的重点应用系统。

（一）景区旅游指挥调度服务中心

景区旅游指挥调度服务中心建设的内容包括景点监控、车辆监控、人流监测、电子巡逻、网络舆情以及 LED 管理等，通过监控和监测，实现景区有序的旅游管理，为游客提供舒适的旅游环境。调度服务中心建设基于景区三维地图引擎，通过物联网 RFID 和传感器系统，对景区的游客行为、居民行为、车辆停放、景区人员、气候环境、地质状态、自然灾害，以及基础设施和服务设施进行感知；全面监控旅行车辆、导游、游客的活动状况，实现集中调度，实现景区内部全覆盖的可视化及动态管理。同时，对景区危险区域进行监视和信息播报，发现应急状况立即接入预警功能，形成覆盖全景区的广播通知系统。

调度服务中心与移动互联网融合在一起，通过移动互联网可以让游客与调度服务中心互动，发现应急的突发事件，可以利用移动互联网向游客直接播报信息，起到调动和疏导的作用。

（二）智能视频监控系统

智能视频监控系统是一个很专业的技术系统，通过它的智能监控可以实现许多有效的景区智慧管理，如游客疏导、信息播送、智慧调度等。系统的监控功能应全面覆盖景区，对重要景点、客流集中地段、事故多发地段能够重点监控，系统具备闯入告警等功能。在控制室，视频监控控制面板能控制画面缩放和镜头转动等，能实现图像的实时远程观看以及 5G 物联网视频监控等。同时，系统可记录图像和声音,为处理突发事件提供方便和依据,应包含和实现出入口人流计数管理、游客总量实时统计、游客滞留热点地区统计与监视。智能化的视频监控还能对景区内的各类遗产资源、文物资源、建筑景观、博物馆收藏等景观资源进行信息化与数字化监测、监控、记录、记载、保护、保存、修缮、维护等。

(三)景区电子门禁票务管理系统

智慧的电子门票系统应能够支持多种票务的表现方式,如二代身份证、二维码、RFID等。新一代系统的电子票务应拥有记录游客基础信息的功能,并能够实时记录游客在景区内的位置信息。系统售、验票的信息能够联网,并能够实现远程查询,与其他信息系统如生态预警系统实现数据的交换,智慧型的门禁系统应配有手持移动终端设备或立式电子门禁,实现对门票的自动识别检票,电子门票的购买应支持手机支付或者网上支付等多种方式。

(四)游客实时分析与智能疏导系统

游客智能疏导系统是智慧景区建设必须有的一个系统,该系统能够实时监控景区内游客的分布情况,具备景区游客的实时监测和疏导应急处理功能,系统在景区各处布置游客疏导路线图,具有信息播报、LED引导、实时视频查看等功能,并具备准确、清晰的区域标志牌。在主要出入口、交通要道以及码头车站等游客比较集中的地方,系统具有覆盖全景区的动态电子指向屏。

(五)景区客流预测与预警系统

该系统也是景区安全管理中必须建的一个应用系统,它通过电子门票传感接收器,实时定位持票游客的位置信息,预测最拥挤景点的客流情况。系统依据景区自身的容量条件,编制景区各景点的客流容量标准,并依照景区的管理与服务能力,对客流量分层级区分,设置各景点的预警警戒点,当景点达到设置的警戒点,系统会自动报警,并采取相应的处理措施。

(六)景区灾害监测与应急系统

该系统可实时监测灾害发生信息,通过跟踪生态信息的变化趋势,实时预警或预报景区生态可能产生的灾害事件，并制定各种自然灾害应急反应机制，以及采取相应防范措施，如及时修复植被、安装火灾感应装置、做好设备维护保养工作，并结合预警系统预设游客疏散通道及应急救援措施。

（七）景区智能无线集群呼叫定位系统

景区智能无线集群呼叫定位系统主要用于对景区突发事件的地理定位，是景区安全管理中的一个智能化系统，系统可通过无线对讲系统把 GPS 终端发出的地理坐标、时间、速度等数据传回指挥调度中心，并在 3D GIS 电子地图上可视化显示各终端的位置及相关信息。无论景区中情况如何复杂，指挥调度中心都能以最快的速度确定突发事件目标的地理位置，调集人员赶赴现场及时处理，并协同智能疏导系统发布信息，从而更有效地提高突发事件处理效率和维护景区的治安秩序。

景区智能无线集群呼叫定位系统的主要功能包括：

1. 多种呼叫方式

系统可根据实际情况，对系统的用户组进行合理规划和分类，从而支持组呼（向通话组发起组呼）、秘密呼叫（个呼）及紧急呼叫（向同一个逻辑信道中的所有用户发起呼叫）等多种呼叫方式。

2. 保密通信

防止突发事件的信息外泄，系统具有极高的私密性，可有效防止非法窃听。

3. 文字短信收发

系统可通过手持对讲设备相互发送和接收文本信息，并能保存最近收发消息（三个月内）；同时支持手持对讲设备与移动设备的互联互通，可在移动设备上发送、接收和查看文字短信。

4. GPS 定位

系统可在手持对讲设备内设置卫星定位模块，可方便地对持有数字对讲设备的人员进行跟踪，并在三维可视化集成平台上同步显示。

5. 统一管理

该系统可通过集成管理平台对全网统一进行可视化管理，可实时灵活设置或改变需要联网的工作区，全网可多组、多级组建任意规模的同播网，并支持跨频段、跨区域的混合组网。另外，该系统可对网内设备进行统一配置和故障检测，具有支持故障声光报警等功能。

三、面向公众服务的应用层

面向公众服务包括旅游者和当地居民，为旅游者提供智慧型的服务是该应用层建设的核心。这些服务包括商务服务、信息服务、漫游服务、展示服务及定制服务等内容。下面分别对这些公众服务的应用层内容进行简要介绍。

（一）景区综合电子商务系统

景区综合电子商务系统主要管理在线直销、在线旅行社渠道销售、电子分销渠道、旅行社业务、社交网络营销，以及景区经营的业务采购等所有商务，业务涉及销售、分销和营销。商务的销售模式包括 B2C、B2B、C2B、O2O 等，内容涉及电子门票、酒店预订、餐饮预订及租车服务等。在电子商务系统中，景区的主业务是景区门票，景区门票应能实现网上预订、电话预订和在线支付等多种商务操作。对于景区的旅游产品、旅游纪念品以及土特产、农产品等应能实现网上预订、在线支付的网上交易。系统应能支持移动互联网电子商务，实现智能旅游卡支付、手机银行支付等功能。新一代的景区综合电子商务系统应具备商户的诚信评价功能，形成景区电子商务诚信评价体系，方便游客对景区电子商务商户进行信用评级，便于提高景区电子商务的信誉及应用推广。

（二）移动终端自助服务系统

移动终端自助服务系统包括电子导览、电子导游、电子导购和电子导航等服务，游客利用手机下载需要的服务系统，就可以轻松获取这些服务，可以为游客增添快乐的智慧体验。系统的电子导览功能，可以帮助游客实现个性化的游览；系统的电子导游功能，可以实现基于位置导游服务，轻松获取景点的导游解释；系统的电子导购功能，可以轻松了解景区旅游产品、酒店、餐饮等购买位置，提供基于 GIS（地理信息系统）的位置说明，并具备便捷的预订功能，实现在线订购；系统的电子导航功能，可以实时提供景区的交通信息，帮助和引导游客到达旅游目的地，包括景区购物商铺地址信息等，并实现游客在旅游过程中的实时互动、分享及评价。

（三）混合现实虚拟漫游系统

混合现实虚拟漫游系统采用虚拟现实技术和三维动网技术，将景区的现实景象在移动终端或其他电子屏上展现，让游客可在旅行过程中具有身临其境的体验。新一代的虚拟漫游系统运用三维全景混合现实技术、三维建模仿真技术、360度实景照片或视频技术，虚拟实现旅游环境，形成一个现实旅游的展示系统。虚拟漫游系统使用的硬件环境可以是普通电脑、景区触摸屏导览机、智能手机、平板电脑等终端设备。

虚拟漫游系统使游客既可以在游前体验或了解景区的景点特色，也可以在漫游后通过该系统回顾或评估经过的线路，便于游客分享体验。

（四）多媒体互动屏展示系统

多媒体互动屏展示系统既是一个关于景区服务产品的展示系统，又是一个互动式的触摸屏查询系统。系统利用新一代触摸技术及互动交互技术，为游客提供了一个便捷、体验感好的交互服务环境。系统的主要特点就是互动式展示，内容覆盖景区大范围的景点，设备安装主要集中在游览区域、休息区域以及交通集中的等候区域。所有展示设备都采用联网方式运行，信息可实时更新，后台可分析游客关心的热点内容。在触摸查询的功能方面，系统具备信息查询、景区区域位置信息查询、景区商铺查询等服务功能，内容包括景区主要景点、人文生态、景区交通等信息介绍。

（五）个性化专属行程定制系统

该系统是非常专业的个性化智慧型服务系统，在景区 O2O 商务中，可以为游客定制需要的服务。系统能根据游客的特点（时间、预算、兴趣爱好、出游方式等），为用户提供个性化的行程定制服务，针对景区特色旅游产品或特色观光线路，把景区与周边的旅游服务信息贯穿在一起，供游客直观地选择浏览，并可对自己的线路在线实时修正，最后系统自动生成个性化的行程订单。系统能帮助游客收藏（打印）定制好的行程计划，自由选择是否在线支付，并能通过邮件及微博、微信等新媒体手段与朋友分享，系统还可通过与交通、城管、景区监控系统的互联互通，实现为游客提供实时、便利、快捷的旅游交通导引服务功能。

通常，行程定制需要以下步骤。

1. 输入旅游目的地城市

游客首先要将旅游目的地输入系统。

2. 输入旅行需求

游客输入自己的旅行时间（出发时间、离开时间）或游玩天数（逗留天数）、旅游偏好（文化、自然、美食、购物）、酒店（星级标准、位置）、交通（公共交通、步行）等需求信息。

3. 确认游玩景点

游客在输入旅行需求后，再将游玩景点输入系统。

4. 生成行程路线

为游客呈现基于地理位置信息的可视化行程计划（包括每一天的游览路线、饮食购物、宾馆住宿、游览时间、费用开支等），可以在地图上查看线路信息，或者点击任意一个行程节点查看详情。

5. 保存、打印、分享攻略

游客可将定制好的行程计划保存成多种类型的文档，发送至邮箱，也可直接打印或微博分享。可根据不同用户提供简洁版、外文版、交通版三个版本。

6. 全程互动分享评价系统

游客可在景区实景地图上添加自己的标注，上传相片及一些属性信息；记录自己游玩的过程，分享游玩心得，将自己感兴趣的游记等其他内容转发到自己的微博、微信或论坛上；方便快捷地查看某个景点过去、现在及未来的景点故事或专题活动；搜索附近的在线游客，并进行在线交流、互动、分享，拓宽旅游社交圈；根据自己的感受对景区进行评价，提出改进意见，与景区管理部门实时互动。

四、面向旅游营销的应用层

面向旅游营销的应用层包括传统媒体营销和新媒体营销，在互联网时代的智慧营销主要针对新媒体营销，营销服务的对象包括旅游者和当地居民，为社会媒体提供智慧型的营销是旅游企业应用层建设的核心。在智慧营销建设中，建设的内容主要包括自媒体营销系统、竞争力分析与提升系统、舆情监测分析系统、营销效果评价系统等。

（一）景区自媒体营销系统

景区自媒体营销系统是利用社交网络、门户网站、互动信息屏及微网站等网络形式，建立一个完全由自己控制的营销平台，这是景区智慧营销中最基本又最重要的建设内容，系统充分利用新媒体传播特性，吸引游客主动参与旅游的传播和营销，并通过积累游客数据和旅游产品消费数据，实现智慧型的个性化营销和关系营销。系统运行的特点是利用自有媒介或可控媒介，通过相关运作获得稳定的受众和潜在游客群体，以较低成本向目标客户群体推送旅游信息和旅游产品信息，逐步建立自有媒体资源和可控媒体渠道相结合的自媒体营销系统，实现基于移动互联网的智慧旅游营销。目前在景区可用的自媒体营销主要包括微信、微博、微电影、微网站及各种手机 App 等。

（二）景区竞争力分析与提升系统

智慧营销就是要通过对自身情况的分析，形成针对性的有效营销策略，景区竞争力分析与提升系统就是在这样的要求下形成的一个后台分析系统。该系统基于景区大数据，能对景区经营数据进行准确分析和总结，支持景区的营销决策，通过对周边景区的旅游竞争力分析和比对，充分利用国内外旅游目的地竞争力研究成果，构建突显景区产业特色的景区竞争力模型及其营销评价体系，从而丰富旅游竞争力提升的方法和手段。

（三）景区旅游舆情监测分析系统

旅游舆情监测分析系统是智慧营销中很重要的一个系统，它可实时、动态监控景区舆情发生，并及时处理相关的不利舆情，促使景区营销策略的调整，从而掌控景区网络营销的效果。系统可通过多种营销渠道获取数据，如建立与第三方研究机构、在线旅游平台等的数据交换机制，便于分析各渠道相关的舆情数据。系统还具备舆情智能分析功能，提供相关的舆情分析报表，分析舆情的变化趋势，协助景区管理部门发布舆情处理结果。系统与指挥调度中心实时对接，便于及时处理舆情事件。

（四）景区旅游营销效果评价系统

智慧营销的优势就是根据网络营销的效果不断地改进营销方式和策略，使网络营销为景区的经营产生最大的效益，旅游营销效果评价系统就是在智慧营销过程中，快速地评价营销的效果，使景区市场营销能产生最佳的收益。该系统可根据各渠道导入的网站流量、咨询量和预订量等，判断各合作网站投入产出的营销效果，逐步筛选出合作效果较好的网络营销渠道，或者改进自媒体营销的内容和活动方式。该系统可分析和评价旅游景区市场竞争力在网络营销方面的薄弱环节，从而进一步改善未来市场营销的网络战略。

第三节　智慧景区新业态应用

自智慧景区的概念产生以来，智慧景区实践的新业态应用不断在全国涌现。各地智慧旅游试点城市纷纷推出智慧景区示范点，为其他景区的智慧建设发挥示范带动效应。下面对杭州西溪国家湿地公园、奉化溪口－滕头旅游景区、天台山景区的智慧景区新业态应用进行简要介绍。

一、智慧景区案例——杭州西溪国家湿地公园

杭州西溪国家湿地公园（以下简称"西溪湿地"）曾与西湖、西泠并称杭州"三西"，是国内唯一的集城市湿地、农耕湿地、文化湿地于一身的国家级湿地公园，是国家级湿地公园和浙江省首批智慧景区建设的试点示范单位。为了适应智慧旅游建设的浪潮，进一步提升公园的"智慧西溪"整体管理及服务水平，提高旅游服务效率，加快旅游转型升级，全面促进"品质西溪、生态西溪、文化西溪、和谐西溪"的发展目标，西溪湿地委托相关专家编制了《智慧西溪建设方案》。

（一）"智慧西溪"的建设内容

根据智慧景区建设规划方案，"智慧西溪"具体建设内容包括一个支撑、两个中心、三大平台、四大体系。

1. 一个支撑

"一个支撑"，即西溪湿地云 3D GIS 引擎。

西溪湿地云 3D GIS 引擎支撑体系将 3D GIS 与云计算相结合，将基础设施、平台、软件、内容等空间信息综合、高效地部署到"云"基础设施之上，提供三维地理信息基础设施服务、二维地理信息平台服务、三维地理信息软件服务、三维地理信息内容服务。

构建统一开放的基于 3D GIS 的西溪湿地检测、监控、管理平台，公共服务平台及营销平台，并逐步整合成一个综合性的管控与服务平台。在管控平台下形成西溪湿地三维地理信息数据库、生态数据库、旅游数据库的综合性数据中心，最终形成西溪湿地三维可视化地理信息的支撑平台。

支撑引擎的设计思想以西溪湿地云 3D GIS 引擎为核心，以"一云多屏"的设计理念，构筑西溪湿地旅游公共服务的智慧平台，实现手机、触摸屏、平板电脑、笔记本、电视屏、LED 大屏等信息载体上可用，为游客提供虚拟旅游、行程定制、电子商务、位置服务、智能导览、互动分享等新型旅游服务体验。

2. 两个中心

"两个中心"，即"西溪云数据中心"和"西溪指挥调度中心"。

两个中心是智慧景区建设的关键内容。西溪云数据中心是"智慧西溪"的基础，它和 3D GIS 引擎支撑一起构成智慧景区的技术架构，西溪云数据中心包括基础设施、数据库、维护系统、共享交换平台和数据安全保障体系等内容。数据库系统还包括元数据、基础数据和监测业务数据，如景区的游客流量、环境、水文、地质、生物、文物等动态监测数据，这些数据通过自动采集、人工报送、系统数据交换等多种手段从各景点获得。西溪云数据中心还包括西溪湿地文化遗产数据库，利用数字化技术将湿地文化遗产转换、再现，复原成可共享、可再生的数字形态，并以新的视角加以解读，以新的方式加以保存，以新的需要加以利用。

西溪指挥调度中心主要以人与系统的结合，形成智慧型的调度策略。该中心基于"3D GIS 引擎"，与"云数据中心"交互、通信与协同，通过采用功能集成、网络集成、软件界面集成等多种集成技术，集中设置视频、GPS 监控指挥、景区车船指挥、景区资源保护、景区信息化应用集成、接处警等系统，实现景区统一高效的综合型、智慧型的指挥调度。

3. 三大平台

"三大平台"，即智慧西溪管理平台、智慧西溪服务平台、智慧西溪营销平台。

三大平台是针对管理、服务、营销而设计的，但都受管控平台的管理，共享同一个云数据中心。它们互相依托，互为补充，实现集智慧管理、智慧服务与智慧营销于一身的智慧西溪综合集成系统，三大平台建设为所有旅游者和大众提供全天候、全方位、随时随地、一站式服务，完善西溪湿地旅游目的地的现代综合服务功能，拓展体现湿地文化内涵的旅游综合体表现形式，推进无障碍旅游，增强西溪湿地作为旅游目的地和综合吸引物的国际吸引力，促进西溪湿地"旅游国际化"战略布局的实现，给全球游客实实在在的智慧旅游体验。

4. 四大体系

"四大体系"，即运维管理体系、创新服务体系、安全保障体系、标准规范体系。

（1）运维管理体系：该体系主要对智慧旅游技术系统的运行进行统一管理，在加强基础设施建设的同时，利用运营商的通信网络，以利益共享的原则，共同负责通信网络建设工作，为"智慧西溪"信息化的快速发展奠定坚实的网络基础。同时，对技术系统的自管、托管和分管进行协调和统筹。

（2）创新服务体系：该体系主要对智慧服务系统的建设进行统一管理，提倡建立"一云多屏"的景区信息服务系统。在服务项目建设的安排上，力争为国内外游客提供全面、准确、权威的旅游信息，以及全方位、全过程的信息化服务，使游客在旅游中轻松获得各种基于位置服务的旅游资讯和商务服务，无障碍地获得相关旅游服务的资源。

（3）安全保障体系：该体系主要对旅游安全和数据中心的安全进行统一管理。在旅游安全管理体系中，可通过三维地理信息数据平台将景区现有的视频监控、园文管理、流量监测、GPS车辆无线定位等子系统进行整合，为政府、企业、本地居民和游客的安全保证提供在线的信息服务。在数据安全管理体系中，将建立一系列的网络安全、系统安全、数据使用的管理制度，严格数据使用的权限和数据交换的规则。

（4）标准规范体系：该体系主要对智慧景区建设的一些标准规范进行统一管理，倡导用技术标准和规范构建智慧景区。通过规范化的标准体系，形成较为完善的旅游景区综合信息监管、服务、营销平台的应用开发和工作机制、数据交换机制，在技术规范下，可对智慧景区统一技术架构、统一数据管理，形成可以任意扩展的标准与环境，便于整合现有系统和数据资源。

（二）"智慧西溪"的建设成果

西溪湿地的智慧旅游智慧管理、智慧服务、游客体验等方面获得了游客的一致赞誉。

1. 西溪湿地官方网站升级

西溪湿地在探索湿地公园建设方面肩负着重要责任，西溪湿地的信息化建设已取得成功并为其他湿地公园建设提供了经验和示范，同时作为生态旅游的一种方式，湿地旅游在提供娱乐休闲的同时，也是湿地文化的重要宣传基地。但不可避免的是，由于受到西溪湿地地理位置、场地空间及开放时间的限制，西溪湿地的服务无论在时间还是空间上都存在着较多问题。因此，作为湿地公园实体的重要补充，建设西溪湿地门户网站，通过各种现代化在线展示手段延伸其服务时间与空间，给参观者以各种视觉体验及概念上的冲击，无疑会对宣传湿地公园、提供便捷服务起到非常重要的作用。

已建设的西溪湿地官方网站设计在页面版式上强调内容特色性（突出湿地文化和景观特色），功能上强调可用性（便于游客和后台用户操作），采用扁平化结构，各栏目结构基本相互独立，避免内容交叉。

新版西溪湿地网站整体风格完美大气，突显西溪文化和湿地特色，增加了玩转西溪、虚拟导游、计划行程、在线预订和游记攻略等功能，以及西溪湿地移动端 App 服务下载，提供西溪湿地旅游食、住、行、游、购、娱的一站式服务，为游客来西溪湿地游玩提供很大的便利。

（1）玩转两溪

玩转西溪功能模块包括景点、酒店、美食和特产等旅游信息，在详情页面中还提供了景点、酒店和美食的全景展示图。游客在了解详情后，可以直接前往门票、酒店、美食相应的预订页面进行预订。

（2）虚拟导览

该栏目功能为提供西溪全景的虚拟游览服务，游客点击"虚拟导览"功能模块，进入景区虚拟游界面，可在线游览景区全景；点击"景点""售票处""餐饮"等目标图标，可获取关于此目标的相关位置、文字介绍、图片等信息内容。

（3）计划行程

该栏目具有个性定制和行程推荐的功能，游客可以根据自己的旅行时间以及偏好的旅游景点，定制满足自己个性化旅游需求的行程，定制前可以先在地图上查看线路信息，寻找满足自己要求的旅游兴趣点。行程推荐栏目根据不同的旅游类型，为游客推荐具有西溪特色的旅游行程。

（4）在线预订

该栏目可提供在线预订门票、酒店、美食等服务。如游客在预订酒店客房时，可以通过查看酒店房间的全景图来选择自己喜欢的房间，也可以用自己的手机查看，游客在来到西溪湿地前，就可以安排好在西溪湿地的住与行。

（5）游记攻略

该栏目为游客提供分享功能，游客可以在这里写下自己在西溪湿地游玩的点滴，和其他游客分享各自的旅游心得。游客也可以通过该栏目与景区进行互动和信息交流，景区通过交流了解游客对景区服务的舆情信息。

2. 西溪湿地旅游微信公众号

西溪湿地旅游微信公众号已正式开通并完成认证，是"智慧西溪"建设中的重要内容，它具有智慧营销、智慧服务的应用职能，西溪湿地微信公众号的开通既提高了西溪湿地景区的精准营销，也增强了游客互动体验和快捷的移动服务体验。

在景区的社交媒体营销中，微信公众号发挥着越来越重要的作用，它可以实现针对游客的定位服务，也可以实现个性化营销，更可以通过互动实现旅游心得的分享。后台可以分析游客的互动行为、分享行为以及访问公众号的使用行为等信息，为西溪湿地的社交媒体营销提供相关决策的依据。西溪湿地的微信营销正发挥着招揽游客的作用，目前来西溪湿地的网络散客越来越多，他们大都是通过微信公众号获取西溪湿地的旅游活动信息，如花朝节、火柿节等通过微信的推广，都产生了非常好的效果。

3. 西溪湿地移动端 App

移动端 App 软件在智慧景区建设中已成为服务的好帮手，游客通过 App 就可以轻松获取景区的所有服务，如景点信息、餐饮信息、住宿信息、交通信息以及其他一些旅游服务的信息。西溪湿地的 App 建设目标是智慧服务，它既是服务游客的大厅，又是游记交流的平台，App 软件作为在线营销西溪湿地的工具，成为开发市场的好帮手。

在"智慧西溪"的推动建设中，通过西溪湿地的官方网站、移动客户端、微博、微信等应用平台，以更直观、便捷的方式介绍西溪湿地的景点、风情、民俗、文化及旅游服务项目，并建立会员库的互动和主动信息推送服务，使西溪湿地成为智慧旅游建设的应用示范。在电子商务方面，西溪湿地通过 PC 平台和移动服务平台，提供所有旅游服务项目的在线预订服务，为特殊游客可提供 1 小时、2 小时、4 小时、一天等定制行程安排。这些贴心的游客体验都使"智慧西溪"的建设逐渐在服务中被宣传推广，景区的客流等业绩都稳步上升。

二、智慧景区案例——奉化溪口 – 滕头旅游景区

溪口 – 滕头旅游景区（以下简称"溪口风景区"）是国家级风景名胜区、国家 5A 级旅游景区，位于宁波市奉化溪口镇。

当前，溪口风景区保护、发展已进入一个全新的历史时期，要实现溪口风景区的大发展和新超越，必须依靠科技的手段，着力打造"智慧溪口"。根据溪口实际情况，通过智慧溪口的建设，实现智慧旅游服务、智慧旅游管理、智慧旅游营销的三大目标，从而实现"品质溪口、生态溪口、文化溪口、和谐溪口"转型的新目标，为溪口旅游业的可持续发展奠定扎实基础。溪口风景区邀请相关专家编制了《溪口智慧旅游规划》，并以此作为指导，开启了溪口的智慧旅游建设。

（一）"智慧溪口"的建设内容

智慧溪口建设的内容主要分为网络基础设施、数据基础设施、共享服务平台、智慧应用体系、实施保障体系五个部分。网络基础设施与数据基础设施建设是基

础,共享服务平台是建设的核心,智慧应用体系建设是关键,组织、标准、运维、安全、资金、人才等是保障,这些建设内容共同构成了智慧溪口景区的宏伟蓝图。

1. 基础设施建设

智慧溪口网络基础设施主要由信息感知、采集设施、信息传输、交换设施等设施所组成,主要包括有线网络、无线网络、三网融合网络,以及相关的内网服务器、网络终端等建设内容。

智慧溪口数据基础设施主要是借助于数据仓库及云计算技术构建溪口云数据中心。在数据集成管理的基础上,借助云计算技术,通过共享服务平台为四大应用系统提供数据信息与计算服务,并与"智慧宁波"云数据中心实现对接与共享,建设内容的公有云采用租用的方式,私有云采用自建托管的方式。

2. 应用体系建设

应用体系是智慧溪口景区建设的关键和核心,是实现景区资源保护数字化、业务管理信息化、市场营销网络化、公共服务个性化的主要技术手段。内容主要包括电子商务体系、综合管理体系、营销推广体系和公共服务体系。

（1）电子商务体系

电子商务体系所涉及的应用系统主要包括门户网站（在线直销）、电子商务平台、电子售票系统、电子门禁与检票系统、电子分销与管理系统等。

（2）综合管理体系

综合管理体系所涉及的应用系统主要包括综合管理控制平台、游客监测与疏导系统、视频监控系统、旅游指挥调度系统等。

（3）营销推广体系

营销推广体系所涉及的应用系统主要包括微网站、景区网络营销平台、辅助分析系统、自媒体营销平台等建设内容。

（4）公共服务体系

公共服务体系所涉及的应用系统主要包括旅游咨询中心服务系统、网络虚拟游览系统、语音导游系统、移动服务及互动分享评价系统、景区综合体验中心、安全与应急救援系统等。

（二）"智慧溪口"的建设成果

目前，智慧溪口的建设成果主要表现在以下几方面。

1. 溪口"智慧管理"平台

在"智慧溪口"数据中心与云服务中心支撑下，基于景区三维地图引擎，通过物联网 RFID 和传感器系统，溪口已建设成一个可视化的统一管控的智慧管理平台——景区指挥调度中心。该中心可对景区气候环境、地质状态、自然灾害、游客行为、居民行为、车辆停放、景区人员、基础设施和服务设施进行全面感知，全面监管旅行车辆、导游、游客、景区工作人员的行动踪迹，实现集中调度和可视化管理。调度中心的可视化管理具有与杭州综合指挥调度中心对接的接口，设定权限等级，能够实现综合指挥调度中心接入控制的功能，同时具备覆盖全景区的广播通知系统。

在景区指挥调度中心，景区管理人员可以根据景区实时情况制定完善的应急预案，改革传统管理模式，解决管理部门之间信息共享不及时、指挥调度不畅等一系列问题，形成景区与上级旅游管理部门，以及景区内相关职能部门的纵、横联动，从而全面提高处理旅游应急指挥的能力，使旅游运行调度及应急管理向智慧化、网络化、科学化、标准化迈进。

在管控平台上可以清晰地看到客源地统计情况，即通过与手机运营商合作，以手机号码来源地为分析依据，统计游客来源地的每日情况。系统具备完善的客户信息安全保障措施，保障游客的隐私安全。管控平台不但能够实时监控景区内旅游活动的情况，还可以监控实时的不同景点的游客数量，可以在有旅游紧急突发事件发生时，对游客数量进行实时分析和智能疏导。

管控平台还具有对游客情况的统计功能，可以实现对销售票务的统计，包括不同购票方式、统计维度、门票类别等的实时情况，通过实时统计形成旅游活动分析报表，并可预测未来景区的游客变动情况，这些管理数据可以对景区的经营管理和营销对策产生决策依据，这是智慧管理创新优势的具体体现。

2. 门户网站的升级

溪口旅游门户网站包括旅游网、政务网、电子商务网、手机网站等。网站升级主要增加了智慧的商务处理功能，包括在线直销、产品展示及互动咨询等。网站语言包括中文简体、中文繁体、英语、日语、韩语五种，以方便国际游客了解旅游资源及相关信息。溪口景区新版官方网站版式设计通过文字与图形的空间组合，追求和谐之美。在多页面的编排和设计上，充分反映页面之间的联系，对页面之间和页面内的秩序与内容的关系进行了特殊处理。

网站升级还体现在后台管理方面，增加了相应的统计分析和感知功能，用高新技术分析游客的访问行为和潜在游客的需求感知，提升了景区门户网站的智慧处理能力，使门户网站真正成为景区感知市场趋势的窗口。同时，为景区的市场决策提供了相关的分析报告，为完善市场营销策略提供了有效的依据。

溪口风景区在智慧旅游的建设上，围绕旅游的管理与服务已卓有成效，智慧旅游的体验得到了广大游客的一致好评。

"智慧溪口"项目启动以来，溪口旅游集团以信息化提管理、升服务、强营销，成效显著，接连获得了诸多荣誉和成绩，为促进溪口旅游转型升级注入了强劲动力。溪口景区的"智慧溪口"建设已成为全国"智慧景区"建设的标志性示范景区。

三、智慧景区案例——天台山景区

天台山景区位于浙江省东中部的天台县境内。天台山景区总面积187.1平方公里，是一个典型的自然景观和人文景观相互渗透、具有极高美学价值的地理区域综合体。景区内奇峰怪岩、秀水幽洞和古树名花俯拾皆是；神话传说、名人胜迹、诗文碑刻不胜枚举。

近年来，天台县的旅游产品正在由传统单一的观光旅游向现代休闲旅游和度假旅游转变，文化旅游、乡村旅游发展迅速，潜力巨大。随着游客数量的不断增长，景区的管理与服务问题突出，经营服务的转型成为首要问题。

为积极应对游客数量不断增加给景区经营管理带来的各项挑战，景区管委会决定用智慧旅游提升管理与服务水平，借助现代信息技术进一步提升景区经营管理水平和服务水平，用基于移动互联网的技术开展智慧服务，将天台山景区建设为具有典型和示范意义的高标准、智慧型旅游景区，为游客提供高效服务的智慧体验，从而实现景区的转型升级，成为真正意义上的现代旅游服务业。

天台县委、县政府高度重视智慧景区建设。鉴于智慧景区建设的综合性、系统性和长期性，在智慧景区建设项目实施前，天台山风景区管理委员会领衔对整个景区的智慧化发展进行总体性谋划。《天台山智慧景区建设行动方案》出炉后，天台山景区智慧旅游建设工程全面启动。

天台山智慧旅游建设以新一代信息技术为支撑，构建多屏、全网、跨平台的服务体系，支持大量用户并发访问，海量数据高效应用，建立安全可靠的"管理、服务和营销一体化平台"，实现天台山管理要素、管理过程、管理决策、服务要素、服务过程和服务选择的数字化和智能化，推动天台山景区管理和服务能力的提升，促进天台山旅游产业的升级和旅游业态的创新。

天台山景区智慧旅游建设的内容包括天台山智慧旅游云数据中心、天台山景区综合指挥调度中心、天台山景区 3D GIS 引擎、天台山景区智慧管理平台、天台山景区智慧服务平台、天台山景区智慧营销平台、天台山景区官方网站、天台山旅游微信公众号及天台山景区手机 App 应用系统等工程。

1. 天台山智慧旅游云数据中心

智慧旅游强调以游客互动体验为中心，通过新一代信息通信技术和旅游服务、旅游管理、旅游营销的高度融合，使旅游资源和旅游信息得到系统化整合和深度开发利用，并服务于公众、企业和政府部门等主体。

智慧旅游必须以旅游信息化和旅游数据的积累为基础，通过智能化的技术手段，实现游客与旅游目的地服务要素的相互感知和综合运用，天台山智慧旅游建设的关键是数据积累和智慧运用，因此云数据中心建设成为天台山智慧旅游建设的关键和基础。

天台山智慧旅游云数据中心主要包括数据中心机房建设、数据中心硬件系统建设（基础网络平台、服务器、存储与备份系统、信息安全平台等）、数据中心软件系统开发建设（数据标准和应用规范、数据采集、数据集成、基础云设施系统、综合信息库、数据管理、数据服务等）。对于机房等硬件建设，可以采用租用的方式，景区要做的主要是数据中心的软件建设，因此数据的应用是数据中心建设的关键内容。

2. 天台山景区综合指挥调度中心

建设天台山景区综合指挥调度中心的目的是加大天台山风景名胜区管委会集中指挥调度的力度，进一步完善天台山风景名胜区管委会对全景区的智能管理，有效整合风景区内应急资源，提高管委会预防和处置突发公共事件的能力，控制和减少各类灾害事故造成的损失，为天台山风景名胜区管委会领导提供应急决策和指挥的操作平台。

天台山景区综合指挥调度中心在整合和利用现有资源的基础上，采用先进技术，建设集通信、信息、指挥和调度于一身的高度智能化的风景区指挥中心系统。在发生重大突发事件的情况下，通过指挥中心系统，管委会领导可以宏观监控全景区相关事项的动态变化，迅速做出最优的处理决策，对全景区进行统一调度和统一指挥，保障重大突发事件或自然灾害处理的指挥与部署，保障重大活动的安全保卫和调度，为景区管理和公共安全提供决策支持。

3. 天台山景区云 3D GIS 引擎

基于云 3D GIS 引擎可真正实现跨平台、跨网络、跨终端的集旅游公共服务、旅游管理、旅游营销三大系统于一身的旅游目的地综合服务应用平台。与此同时，无论是景区的环境管理，还是为游客提供信息服务，都离不开景区的地理信息。因此，地理信息系统成为景区智慧管理与服务的基础性系统，也是智慧天台山建设的关键，天台山风景名胜区云 3D GIS 引擎将 GIS（二三维地理信息）与云计算相结合，将基础设施、平台、软件、内容等要素综合、高效地部署到"云"基础设施之上；提供三维地理信息基础设施服务（3D GIS laaS）、三维地理信息平台化服务（3D G1S PaaS）、三维地理信息应用软件服务（3D GIS SaaS）、三维地理信息内容服务（3D GIS CaaS）；以弹性的、按需获取的方式提供最广泛的基于 Web 的服务，解决天台山旅游信息化中长期存在的"信息孤岛"问题和重复建设问题，满足大量旅客应用超大规模并发访问的需求。

云 3D GIS 引擎广泛应用在针对游客的电子导游、电子导航、电子导览、电子导购中，它具有可伸缩等云的特性，在解决基于云 3D GIS 引擎的多维时空数据融合 / 存储、数据交换、数据显示、数据查询、数据分析等关键性问题的同时，通过统一的云 3D GIS 引擎应用接口，以"按需服务"的模式提供多层次的应用服务，具备稳定、快速、高效、安全、易扩展等应用性能。

4. 天台山景区智慧管理平台

管理与服务的平台化是天台山智慧旅游建设中的重点，智慧管理平台的建设主要用来满足景区管理部门的实际工作需求，提升景区智慧化管理水平。天台山景区智慧管理平台建设包括基于云 3D GIS 的智能视频监控系统、公共智能广播系统、停车场管理系统、多媒体展示系统、SOS 呼救系统、GPS 车辆指挥调度系统和旅游电子政务系统等开发内容。智慧管理平台可以释放各部门的业务数据，增加流动性，便于提高景区内部的管理效率，也为前台的服务管理增加收益，体现了天台山风景区的管理创新特点。智慧管理平台的优势就是整合所有的应用系统（管理型），让这些系统既可以相互交换数据，又可以独立运行。

5. 天台山景区智慧服务平台

智慧服务平台是面向游客的一个服务型系统，它的建设主要用来满足各类游客的信息服务需求，提升景区的智慧化服务水平，如个性化服务、定制服务、基于位置的服务等。天台山智慧服务平台建设坚持以游客为中心的原则，以满足游客的旅游信息需求为出发点和落脚点，主要建设项目包括虚拟漫游系统、行程定制系统、自助语音导游系统、互动分享评价系统、旅游综合信息主动推送服务系统和电子商务系统等应用软件。和智慧管理平台一样，智慧服务平台的优势就是整合所有的服务型应用系统，让这些系统既可以相互交换数据，又可以独立运行。

天台山景区通过智慧服务平台建设，使公众或游客可以借助"多屏"的终端，按需实现旅游信息获取、虚拟旅游体验、旅游行程定制、旅游电子商务、旅游自助导游、旅游分享评价等旅行中的基本信息服务需求，极大地提升游客对旅游信息的获取、处理和决策能力，从而进一步优化游客在游前、游中和游后三个阶段的旅游信息获取体验和需要，提升天台山的旅游服务品质与旅行满意度，为游客提供从旅游准备到旅游回顾的全过程、一站式、个性化旅游综合性的信息服务和商务服务。

6. 天台山景区智慧营销平台

智慧营销平台是面向市场营销的一个平台化应用系统，它为全面提升天台山景区的整体对外营销水平而建。目前主要的建设内容包括电子门禁票务系统、游客统计分析和智能疏导系统、微信营销系统、旅行社导游助手和新媒体推广等。智慧营销平台以旅游目的地营销系统为基础，通过搭建目的地营销决策支持系统和目的地营销效果评价系统，平台化地为目的地营销相关应用提供支持。智慧营销平台的优势就是整合相关的营销渠道和相应的处理系统，让这些渠道和应用系统可以相互交换数据，从而提高营销的一致性和效率，最终提高天台山风景区整体的营销效益。

目前，天台山的智慧营销平台正在向社交网络延伸，实现了一对一、个性化的关系型营销，为景区赢得了市场，受到了广大游客的认可。

7. 天台山景区官方网站

官方网站即门户网站，是景区面向游客服务延伸的窗口。天台山旅游风景区官方网站融入了"虚拟景区"及"电子商务"等功能模块，为游客提供了新功能体验服务和便捷的商务服务，成为游客获取天台山景区相关信息的重要门户。同时，升级后的官方网站增加了英文版、韩文版、日文版，提升了景区自媒体的整体营销能力。

8. 天台山旅游微信公众号

微信公众号已越来越成为景区营销的得力工具，它便于游客在行程中轻松获取旅游信息，是移动服务的好帮手。天台山旅游微信公众号可以为游客提供信息服务。微信公众号的开通在提高景区精准营销和增强游客互动体验方面均发挥了积极的作用，取得了良好的效果。

9. 天台山景区手机 App 应用系统

手机 App 是游客获取服务最常见的移动服务系统，快速、便捷的信息服务使其受到游客的广泛喜爱。系统为游客提供全面的天台山旅游食、住、行、游、购、娱等信息查询，景区 3D 地图、节庆活动、优惠促销、游记攻略、行程推荐、专题旅游等信息展示，以及常用电话、天气预报、咨询点、加油站、停车场、语音导游等各类自助自驾实用信息，并提供咨询投诉、行程定制、在线预订、结伴同游和点评分享等互动服务。可以说 App 是服务与营销捆绑的最典型系统，互动式的实时信息服务对游客具有无限的吸引力。尤其是在线预订的服务，使游客在移动过程中可预订自己需要的服务产品，为景区营销增加了收益。

在智慧景区建设的推动过程中，天台山旅游风景区在管理、服务、营销等方面都取得了显著成绩，景区旅游逐渐由传统旅游业态转变为智慧旅游新业态。

天台山旅游风景区自启动天台山创建国家 5A 级旅游景区工作以来，以智慧旅游新业态建设为依托，努力打造集休闲、观光、度假于一身的国家 5A 级旅游景区，并取得了初步的新业态建设成绩。天台山旅游风景区以其深厚的历史文化底蕴和秀丽的自然风光资源，在"国家 5A 级旅游景区景观质量专家评审会"的评审中一致通过，这是天台山旅游风景区建设发展迈出的重大一步，是天台山重抓智慧旅游建设取得的成果。

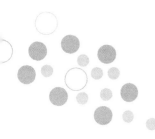

第六章　智慧旅行社新业态及应用实践

第一节　智慧旅行社的定义及架构

旅行社的业务环节代表了旅游业，是旅游业发展的一个缩影，但目前旅行社的智慧建设是最薄弱的环节，应用实践也少于旅游餐饮业。另外，旅游业务错综复杂，人为因素多，这给智慧系统的开发建设带来了一定的困难。虽然在网络组团以及移动服务方面有许多进展，但大多数的应用实践都来自在线旅行社（OTA）服务商，传统旅行社智慧建设的行动远远落后于在线旅行社。如何打破传统旅行社经营中固化的管理模式，让传统旅行社经营在线化和数据化，这需要移动"互联网+"的技术支持，也需要旅行社经营者更新经营理念，用互联网思维改变旅行社的经营模式。只要大多数中小规模旅行社互联起来，并与相关行业如景区、酒店、金融、交通互联起来，内部业务流程都在线化，智慧旅行社的发展就水到渠成了。

近几年，旅行社的信息化建设发展很快，因为在线旅行社的快速发展加速了旅行社的在线化建设，传统旅行社要生存和发展就必须融合现代的互联网技术，使得智慧旅行社建设成为旅行社发展的必然。

一、智慧旅行社的概念

究竟什么是智慧旅行社？怎样的旅行社在经营管理中是有智慧的？这些问题目前没有统一的衡量标准。至少作为一个智慧旅行社，它在某一个管理或服务方面具有完善的信息系统，或者有完整的数据集合。例如，旅行社的在线组团，如果它有完整的网站平台，不管这个网站是个人计算机形式的，还是手机终端形式的，它后面有完整的产品信息集合、资源信息集合和客户信息集合，在通过网站发布线路信息后，能得到众多客户的响应，我们就说这样的在线组团业务是有智慧的，它在信息发布、组团报名、支付流程等环节实现了智能的自动化处理。有些旅行社在营销方面做得非常好，它们充分利用了移动互联网的便捷性，利用社交网络便捷的沟通交互功能，建设了如微信服务号等应用平台，展开了专业的沟通式营销，在服务号中既提供服务，又开展营销，收到了非常好的营销效果，形成了固定的客户群，用社交网络实现了旅行社业务的在线沟通、线下服务，也是一种非常好的 O2O 模式的智慧营销。

旅行社的智慧建设除了围绕做好服务、做好营销，做好经营管理的智慧建设也非常重要，它影响到企业的发展和经营中的管理成本。因为旅行社的经营管理要考虑企业间的竞争，要考虑未来产品的设计是什么，要考虑面向怎样的客户群体，还要考虑旅行社扩展经营的成本问题，以及未来发展的方向等问题。这些都属于旅行社经营中的管理问题，它们的智慧建设都涉及业务间数据的交换、数据的积累、数据的使用等问题。因此，旅行社智慧管理的建设需要一定的规划和数据的支持，尤其是大数据的使用。没有大数据，管理中的智慧很难形成和产生，就像一个成年人一样，青年人的智慧一般不如中年人的智慧，因为中年人大脑里累积了许多经验数据，而青年人还没有成熟的经验数据。旅行社的智慧管理也是一样的，有了丰富的数据，就可以实现旅行社产品的智慧设计、旅行社经营方向的智慧预测、旅行社经营成本的智慧控制，以及对旅行社常客的智慧关怀等。一个完整的智慧旅行社架构，需要把旅行社经营中的智慧服务、智慧营销和智慧管理串起来，实现各应用系统间数据交换和数据流动，这就需要应用系统的平台化建设，整合系统所有的数据，这样才能逐渐形成经营中的智慧，形成一个有竞争力的、相互能感知的智慧旅行社。

二、智慧旅行社的定义

智慧旅行社目前还没有严格定义，因为其业态还在发展过程中，它的发展目标还在探索中，可以从多种角度解释智慧旅行社的含义。

（一）从应用的角度看

智慧旅行社是指以旅行社信息化建设为基础，基于互联网和移动互联网的技术应用，充分利用云计算、物联网及大数据等新技术，实现各信息系统间数据的智能流转，将旅游要素配置、游客招徕、旅游产品开发、市场营销和旅游管理服务等旅行社业务实现在线化、数字化和智能化，形成一个高效管理运行和服务的、相互能感知的新型旅行社，从而为游客提供个性化的敏捷服务和定制服务。因此，智慧旅行社强调的是数据释放和流转、相互的感知以及不同系统应用的智能组合。相对而言，在线旅行社是智慧旅行社的基础，在线旅行社主要突出用在线的服务方式，为游客提供便捷的服务。智慧旅行社是传统旅行社的在线化，并在在线化的基础上，强调技术不断升级，服务更加人性化、个性化，强调与环境的在线互动。应用实践表明，智慧旅行社的服务是智慧型和有记忆性的，相互之间是可以感知的，通过感知及数据的在线分析，形成真正意义的智慧旅游服务。

对于旅行社来说，在线旅游只是其旅游经营业务中的一部分，大部分的建设工作主要是所有业务的数据化，如业务流程的数据化、内部管理的数据化、客户档案的数据化及外协业务的数据化等，由于旅行社的所有服务基本都是采购，自己仅是组装服务或包装服务，这给传统旅行社的数据化工作带来了一定的难度，这也是为什么智慧旅行社建设落后于智慧酒店的一个原因。智慧旅行社的建设不仅仅在于旅行社本身，它和当地的旅游局、景区、酒店、农家乐等多部门都有数据交集的环节，进行智慧化的业务流程建设需要通过合作才能开展下去，如住宿业务的流程、景区游览业务的流程等。

（二）从技术的角度看

智慧旅行社的建设主要是信息通信技术的应用，如新一代的物联网技术、移动互联网技术、云计算技术、精准定位技术，用这些技术建立一个智慧型的综合平台。旅行社所有的管理业务及流程都与物联网有关，旅行社所有的信息系统实施都与云计算有关，旅行社的所有服务业务及流程都与精准定位技术和移动互联网技术有关。例如：旅行社组团需要有智慧型的系统；旅行社连锁业务管理需要有智慧型的系统；旅行社市场营销，尤其是基于网络的营销需要有智慧型的系统，旅行社客户关系管理需要有智慧型的系统；旅行社的电子商务更需要有智慧型的系统。这些技术系统智慧的基础就是所有业务流程数据化形成的大数据，它由旅行社的数据中心负责运维管理，是智慧旅行社建设的关键内容。

（三）从游客的角度看

智慧旅行社的建设成败主要在于是否能提供智慧型的服务。旅行社要组织游客开展旅游活动，涉及预订服务、导游服务、导览服务、支付服务等，这些服务需要针对不同个性化要求的游客有智慧地去处理。例如，旅行中的住宿有不同要求，旅行中的餐饮有不同要求，游览中的行程和线路也有不同要求，智慧旅行社就不能标准化地提供这些服务，而是个性化地满足各种游客的不同需求，通过智慧的方法提供个性化的服务。在智慧旅行社的目标要求下，未来的旅行社可以为每一个游客定制服务，而这些服务可以通过智慧型的系统记忆下来，当游客下一次出行旅游时，旅行社就可以便捷地提供这些服务。

三、智慧旅行社建设的重点和架构层次

智慧旅行社新业态的建设和应用，其实并不只是旅行社本身要做的事情，旅

行社的智慧旅游是将游客、旅游经营者及旅游资源管理者等整条产业链上所涉及的各相关行业和部门的服务环节相互贯通，也就是每一个服务环节都需要释放数据，体现数据的上下流通，最后才能体现旅游服务的智慧，这是一个大的发展趋势，但对于旅行社来说，要做通这些环节有时候很难，有时候一些小小的服务环节点就会影响旅游整体服务的智慧。这就需要全社会的互联互通，用"互联网+"的思维去整合各行业的环节点，只有这样，智慧旅行社建设才能实现。同时，需要注意的是，基于旅游行业的特性，智慧旅行社必须建立在为旅游者提供服务的思想上，把旅游六要素相对应的服务用数据关联起来，旅行社的智慧旅游其实就是一种更趋于完美的旅游服务，突出的是个性化服务上的智慧。

（一）智慧旅行社建设的重点

近几年，旅行的模式随着信息技术的应用正在逐渐转变，自由行、自驾游、散客时代的定制旅游等给旅行社的市场带来了很大的冲击，智慧旅行社的建设对O2O模式、定制旅游的开展也将产生积极的影响，如何在智慧旅游建设中加大旅行社的市场份额将是该行业中比较有挑战性的研究课题。

已有的实践表明，智慧旅行社建设的内容总体上是以游客服务为主体，以现代信息技术为基础，以信息和数据作为战略资源，以人力资源及相应的组织模式为建设保障，在大幅度提高旅行社信息服务能力的同时，以增强旅行社的市场竞争力为建设目标，更好地满足市场发展和旅游者的信息服务需求。简言之，旅行社智慧化就是以数据作为生产力不断提升游客满意率的过程。智慧化的主要特征是：流程数字化、生产柔性化、组织弹性化、经营虚拟化、学习网络化、管理一体化和人本化。智慧化对旅行社行业的未来发展具有深远的影响，因此旅行社围绕智慧建设主要包括智慧服务的建设，涉及组团、客服、支付等服务；智慧营销的建设，涉及微信平台、舆情检测、效果评估等内容；智慧管理的建设，涉及产品、销售、服务、结算、计调等管理；大数据建设，涉及数据整合、数据分析、数据服务、平台化建设等内容。

（二）智慧旅行社建设的架构层次

在目前的智慧旅行社应用实践中，根据智慧旅行社的建设规范可以将智慧化建设的架构分为四个层次，分别为面向旅行社的基础设施建设层、面向旅游管理的应用层、面向公众和游客服务的应用层、面向旅游营销的应用层。

第二节 智慧旅行社建设的内容

根据智慧旅行社的架构层次，我们来具体分析架构中的建设内容。和旅游景区一样，智慧旅行社如何建设，在不同规模的旅行社差异性都很大。有些旅行社规模比较大，建设的内容比较全面和完整，包括智慧管理、智慧服务、智慧营销等内容。但我国中小规模的旅行社居多，许多旅行社对平台化建设并没有能力进行，大多数是简单地做些营销方面的智慧建设，如建立微信服务平台、微网站等，开展一些低成本的微营销。为拓展智慧建设视野，中小规模旅行社可以从以下几个方面着手。

一、面向旅行社的基础设施建设层

基础设施对智慧建设非常重要，主要包括网络基础、数据基础和管理基础，其中管理基础主要针对技术系统应用须具备的组织职能和制度。但哪些应由旅行社去建设，哪些应由社会或政府去承担，需要了解清楚和掌握好。对于中小规模的旅行社更多的是利用社会的基础设施资源，而不是自己去建设。下面主要针对旅行社智慧化建设中的网络和数据基础设施等内容进行简要介绍。

（一）旅行社无线网络等基础设施建设

接待中心或待客区域覆盖无线宽带网络，游客在咨询及购买服务时可以方便地将手机、平板电脑等终端以无线方式连接上网，获取需要的旅游或行程信息，以满足顾客沟通、查询等的服务需求。

（二）旅行社物联网基础设施建设

该建设主要包括配备基于物联网的自助服务终端，RFID 识别标签分布等，可供游客自助查询旅游信息、导游信息、选择导游等功能，并支持银行卡刷卡消费等功能。建设的范围主要是办公区域、接待区域以及车队和团队等。这样的网络基础可便于旅行社的车辆管理、资产管理、员工管理及团队管理等。

（三）旅行社数据基础设施建设

旅行社数据基础设施主要是针对临时存储的业务数据，而系统运行的云服务数据设施可采用租用的方式。在数据基础设施建设中，从业务需求和实际应用出发，应制定统一的数据采集标准、数据接口标准，建立符合自身条件的旅游信息采集长效机制，同时建立旅游资源、旅游线路、游客信息等业务数据库的共享机制，解决智慧管理和智慧服务的数据交换和共享问题，建设目标是释放各应用系统数据的流动性。智慧旅行社的数据库有私有云数据和公有云数据之分，它们通过云数据中心实现无缝对接，拥有完善的信息使用安全保障机制。旅行社仅关心自己的私有数据设施的建设即可。

数据基础便于旅行社业务的协同管理，如不同管理部门之间的协同、内部业务和外部业务之间的协同、管理与服务之间的协同、旅行社与政府部门之间的业务协同，这些协同都是在数据基础上通过数据服务的策略来实现的。

二、面向旅游管理的应用层

智慧旅行社面向经营管理的智慧建设是重点，因为旅行社经营涉及复杂的协作网络和各种类型的应用系统，除了内部业务流程管理的内容，还有复杂的外部协作业务的管理内容。这些管理都是建立在数据基础上的各种应用系统，下面选择几个主要的管理型应用系统进行介绍。

（一）团队游客管理和旅游电子合同管理系统

团队游客管理主要是为了有效销售和客户维系，挖掘有价值的客户资源，智慧建设主要针对游客客户的服务需求展开；智慧旅行社的旅游电子合同管理是智慧建设的重点，它影响到组团的效率和管理能力。合同中须对目的地、旅游线路、住宿标准及酒店名称、行程详细安排等做出明确标识，并可提供手写签名设备，供用户进行手写签名，与数字签名绑定形成电子签名。系统可打印出带光学水印和二维码的防伪纸质合同，对合同进行统一编码管理并通过专门流程上报管理部门，作为备案。游客可通过合同编号登录旅行社信息门户网站查阅合同电子文本并核对。这些管理都和销售管理与营销管理对接（通过数据服务的策略），可提高旅行社经营的效率和效益。

（二）导游管理系统

该系统可为旅行社的导游进行业务档案管理和业绩管理，为旅行社所属的导游建立导游电子档案并与导游证编号相互关联，实现在线化管理；也可实现对义工导游的管理，当业务需要时可以随时通过网络互动，相互感知导游管理上的需求。游客可以通过导游证编号查询导游的行业记录和资质年检情况。

（三）车载定位监控系统

该系统可对旅行车辆进行可视化管理，针对旅游大巴、景区公交等车辆，通过 GPS 定位等技术进行实时跟踪和监控管理，也可对客车的异常行为如汽车司机违规驾驶、行车路线偏离预订行程、异常停车等情况采取询问、警告、报警等即时处理，保证车辆系统运行的安全、可控。

（四）旅行社服务质量跟踪及游客互动系统

该系统具备游客投诉、处理流程跟踪、满意度调查等功能，对服务过程及服务质量进行实时记录和可视化管理。该系统通过互动的功能，及时反馈游客互动和诉求信息，编制游客评价等级机制，通过互动及时了解客户的潜在需求，这对提高游客的满意度可以起到积极的督促作用。该系统可以独立运行，也可以嵌入门户网站以及其他游客服务系统中。

（五）旅行社在线办公自动化管理系统

该系统可实现敏捷的移动式行政管理，通过内网和移动互联网的互联互通，使行政命令随时随地保持畅通。系统拥有明确的操作、查阅权限等级机制，并建立合理的办公自动化系统工作流程机制，实现了旅行社敏捷的精细化管理。该系统和所有业务系统都可以互联，具有完善的信息安全保障机制。

（六）旅行社电子行程单管理系统

该系统可预设旅游行程单电子模板，便于行程单设计和管理，系统对电子行程单进行统一编号管理，游客可通过编号查阅电子行程单，并可组装嵌入其他系统中供查询使用。

（七）旅行社运营管理信息系统

该系统是旅行社综合性的经营管理系统，包括旅行社经营管理的所有业务，如产品设计、线路设计、自由行管理、财务管理、协作管理、人力资源管理和综合管理等。系统既要有与门户网站对接的接口，又需要外连接口、业务分销的接口，以及各团队上报数据的接口等。

（八）大数据建设内容

旅行社的大数据建设其实是数据中心建设，要把管理、服务所用的数据整合起来，形成智慧分析的数据基础。数据基础考虑更多的是内部数据，而大数据建设考虑更多的是外部数据如何接入和使用，应包括平台架构建设、数据整合策略建设、数据分析工具建设、外部数据接入建设以及互联网数据使用策略等建设内容，还包括数据服务的建设内容，使得旅行社服务、管理、营销的数据集能有效、便捷地提供给需要的人或部门使用。

三、面向公众和游客服务的应用层

面向公众和游客服务的应用层体现了旅行社的智慧服务能力，这是针对游客能获得服务体验的关键内容。它的建设基于旅行社的网络基础和移动互联网，包括电子商务系统和导游领队服务系统，以及客户关系管理系统等其他应用系统。

（一）旅行社电子商务系统

旅行社电子商务系统是一个集成的服务系统，提供商务服务、信息服务、微信交流和支付、业务结算等功能。该系统能实现网上预订、电话预订和网上支付，支持移动互联网电子商务和第三方支付功能。该系统还具有旅行社电子商务诚信评价体系，历史记录查询及个性化销售等应用功能。建设的内容包括门户网站、渠道信息接驳、在线支付系统、第三方渠道接口等。

（二）旅行社导游领队服务系统

该系统面向游客，可实时推送行程信息给团队游客，并与导游、领队进行实时沟通。系统还包括同业信息、招聘信息，进行旅行社计调管理等功能，满足旅游中个性化服务及灵活变动服务的需要。系统可帮助导游、领队进行行程管理、团员管理、导游报账、导游求职及费用上报等多项业务，满足团队游人性化和个性化服务的需要。目前该系统有基于手机和基于平板电脑等应用形式，也有 App 供游客和导游下载使用。

（三）旅行社客户关系管理系统

该系统的基本功能有建立客户档案、分析客户业绩、关系营销、自动销售及维系客户关系等，扩展功能可以包括数据分析、自动营销及呼叫系统等。系统通过对客户的管理，将客户作为市场资源进行运作，在为客户提供个性化服务的同时分析客户相关信息，为经营中的价格决策、营销决策、关系维系等提供数据支持，从而实现专门针对关系客户的自动营销和自动销售，最终提升旅行社的经营业绩，也提高了常客的服务满意度。扩充的客户关系管理可以挖掘客户价值，实现旅行社的精准销售。目前该系统基于互联网和手机客户端为常客提供服务。

四、面向旅游营销的应用层

面向旅游营销的应用层体现了智慧营销的能力，目前建设的内容主要利用移动互联网和社交网络，广泛地开展网络营销，智慧性地选择营销渠道，使营销效果达到最佳。这个层次的建设内容主要包括以下几个核心系统。

（一）旅行社自媒体营销系统

自媒体营销可以自己控制发布信息的准确性、实时性及营销效果，并把营销成本降到最低。该系统具备自己可控的信息发布平台（如官方网站、博客、微博、微信等），具有能直接营销的用户群（网站注册用户、微博粉丝、微信好友等），而且可以快速地把营销信息推广出去。该系统具备可以独立开展的营销活动（免费旅游产品赠送、微博/微信抽奖、有奖点评等），也可以和第三方联合开展营销，更可以和分销渠道协同开展市场营销。

（二）旅行社竞争力分析与提升系统

旅行社竞争力分析与提升系统是旅行社开展营销前的自我评价和分析的应用系统。该系统先对旅行社经营数据进行准确分析和总结，支持旅行社的营销决策；然后通过对旅行社行业市场的竞争力分析和比对，充分利用国内外旅行社竞争力的研究成果，构建突显旅行社行业竞争力的模型及其评价体系，丰富竞争力提升的方法和手段，有针对性地选择营销渠道和网络营销方式。

（三）旅行社舆情监控分析系统

该系统可实时、动态监控旅游市场舆情发生情况，掌控和引导网络舆情的变化，以便选择合适的网络营销对策和投放内容。该系统可与第三方研究机构、在线旅游平台、旅游企业之间建立信息收集与交换机制，实时开展旅游舆情的智能分析，并发布舆情处理的结果。系统还可以制造热点，引领网络舆情向有利于经营的方向转变，以提高营销的传播效果。

（四）旅行社旅游营销效果评价系统

旅行社的旅游产品营销是根据不同的产品选择不同的营销渠道，如自由行产品投放在社交网络渠道会有比较好的营销效果。该系统根据各渠道导入的网站流量、咨询量和预订量等，判断各合作网站渠道的营销效果，通过评价分析逐步筛选出合作效果较好的网络营销渠道。本系统能实时分析旅游市场竞争力的营销薄弱环节、网络渠道影响力等环节，确立旅行社营销的合作伙伴，网络营销的方式及内容投放的频道等，从而提升旅游营销的决策效果。

旅行社的智慧营销有许多不同的应用系统，尤其是在移动互联网环境下，许多旅游服务系统都具有营销功能，可以通过网络自行了解这些个性化应用系统的功能和应用。

第三节　智慧旅行社新业态应用

在智慧旅游的新业态应用中，智慧旅行社起步晚于智慧酒店和智慧景区，虽然我国各省都在开展智慧旅游的建设试点，但智慧旅行社的建设依旧起步艰难，这点从旅行社业务的复杂性可以看出。此外，旅行社业务边界的不清晰也增加了技术系统应用模式的不确定性。要使旅行社经营智慧起来，还有许多的路要走。

一、传统旅行社如何向智慧旅行社转型

对于电子旅行社，其转型相对比较简单，因其一开始就直接建立了信息化的平台，提供的是在线服务，其业务流程基本都是在线化的电子流程。电子旅行社的后台、前台都是在线平台的操作方式，广泛使用了信息技术，已经向"智慧化"迈出了坚实的一步。

但是我国大多数传统旅行社在开始进行信息化建设时有很多失败的教训。例如，没有将旅行社的主体在线化、电子商务化，而是只对旅行社的部分内容进行信息化建设、在线化的应用，导致信息化建设没有成功。此外，还出现了一个问题，就是没有把游客喜欢的产品内容推广到网络当中去，传统业务在线化不足，没有把旅行社和信息化真正融合起来，没有实现传统旅行社改造的在线一体化，这样就出现了"两张皮"现象：一方面存量业务保不住，因为它脱离了消费者；另一方面增量又做不出，因为它脱离了运营基础。即一个脱离了消费者在线旅游需求的环节，另一个虽然接上了消费者的环节，但是脱离了运营的环节。两个环节的脱离，使得失败的例子比比皆是。

传统旅行社要转向智慧旅行社，在信息化建设的道路上必须进行理念上的、组织构架上的或技术平台上的全面再造。因为在线和离线的服务模式是不同的，

这种再造使得旅行社的业务信息实现在线一体化:由信息化带动整个一体化,由信息化带动重组一体化,由信息化带动在线一体化。也就是说,所有岗位,从总经理到销售、前台、后台、财务人员等都要在线化、信息化,只有这样旅行社的经营才能"智慧"起来。在旅行社销售方面,要建立呼叫中心、微门户网站,而门店后台也要有在线预订服务,财务要建立在线结算系统,包括网上支付的开通都需要有信息化平台的支持。这方面也有成功的案例,目前部分旅行社的门店系统、电子商务系统都进行了完善和升级改造,通过在线化、信息化走向智能化,最终实现"智慧化"的旅行社经营。

另外,由于智慧旅游基于在线旅游服务,突破了时空的约束,因此我们用信息化的技术提供传统的旅游产品(用在线的方式做传统旅游),也需要突破时空限制。要选择全国各地的产品,在各地建立自己的产品研发中心、采购中心,建立自己的地接服务保障体系,这些都是传统旅行社转向智慧旅行社所要做的基本工作。

二、智慧旅行社的技术应用

智慧旅行社的建设有多种应用的途径,有的是从办公自动化的途径去发展智慧建设,有的是从资源管理的角度去建设智慧型的系统,不管从哪个角度,旅行社的智慧建设都需要围绕管理与服务的核心,用智慧的理念提升管理和服务质量。现阶段,智慧旅行社建设必须从在线服务和在线管理的应用开始,选择有效的技术应用去建设智慧型系统,如旅行社组团管理系统、旅行社经营核算系统及旅行社网络营销系统等。然后用平台整合这些系统形成有效的数据中心,用数据中心逐步实现所有业务流程的数据化、在线化,从而形成相应的旅行社智慧型服务综合平台。下面简要介绍智慧旅行社建设中的几个主要技术应用。

（一）旅行社的 OTA 模式

OTA 是指在线旅行社，是旅游电子商务行业的专业词语。这里的 OTA 指传统旅行社的在线应用，部分旅行社利用 OTA 开展了在线组团、自由行、定制旅游等产品服务。这些旅行社通过 OTA 模式提供专业的在线服务，实现网上的旅游产品预订，包括自由行产品、定制服务产品、休假旅游产品等。OTA 的出现将原来传统的旅行社销售模式放到网络平台上，更广泛地传递了旅游线路信息，互动式的交流更方便了游客的咨询和订购，从而引领旅行社经营走向智慧化。但传统的旅行社如何开展 OTA 服务，如何把传统的旅行社与 OTA 结合，目前仍然是发展中研究的热点。专门的 OTA 企业，如何与传统旅行社融合发展，是 OTA 模式发展中面临的新问题。

旅游发展的散客化趋势已造就了一批新型的旅游模式，如国内主要 OTA 平台代表利用 OTA 模式占据了国内巨大的在线市场，已严重倒逼了传统旅行社的生存环境。据相关统计，我国 90% 以上的旅行者不是通过传统的旅行社，而是通过 OTA 预订产品的。为了适应旅行市场在线化的发展，改善自身的经营状况，多数大型旅游企业已开展了在线业务，并建立了自己的电子商务平台，以保卫自己的市场份额。这些大型旅行社在线业务的发展，也说明了智慧旅行社发展的必然趋势，智慧建设必须在线服务先行。

传统旅行社要突出重围，必须利用 OTA 模式实现全面的业务在线化和数据化。之前，国内的很多旅行社交易平台网站的服务水平和服务能力提升较慢，只提供预订服务功能，但不提供旅行服务，也不对旅游者的体验过程负责，从而影响了在线服务的进一步发展。一些网络平台甚至只提供静态信息展示和卖家的联系方式，无法在线预订和提供实时服务。如今，传统旅行社越来越意识到在线服务的重要性，大多开始建立自己的网络平台，有的网络平台已在建立自己的目的地接待体系，旅行社与网络平台出现深度融合的局面，从而演变成旅行社的O2O发展模式。从旅游服务的专业性和质量保障看，网络平台与旅行社相互融合的OTA模式将是旅行社发展的主流，已经逐渐转变为一种智慧旅行社的应用模式。

（二）旅行社 ERP 技术

近年来，ERP（企业资源计划）技术在一些大型旅行社得到应用，将传统的表单报团流程向电子化流程推进，业务操作均以电子化的方式完成。访问咨询—个性化行程定制—销售人员接洽—销售人员将订单交计调部门处理—计调部门与地接供应商联系等全流程电子化。ERP技术与门户网站的无缝对接，形成了旅行社特有的电子商务系统。经营者利用趋于完善的电子商务平台，以网络为媒介与客户进行沟通并完成交易，或实现了组团的自动化。从客户访问咨询开始，就进入电子化的业务流程。这种以ERP技术为基础的模式，也逐渐转变为智慧旅行社建设的一种应用模式。

（三）旅行社客户关系技术

客户关系技术已成为智慧旅行社建设中的重要技术应用，以支持旅行社营销决策。客户关系管理系统在客户资源、智能存储、分析客户相关信息数据（如来源地、游客偏好）等应用的基础上，已逐步开展对客户信息进行各类统计分析、提供客户关怀（如节日/生日祝福、出行提醒）、统一发送产品相关信息、自动营销等应用研究。客户关系管理系统还具有记录业务过程中未成团（未达成最终交易）的客户信息，分析和汇总原因，便于日后开发潜在客户。此外，客户关系管理系统还具备内部管理的功能，在帮助销售人员管理成团（已完成交易）信息的同时，既是销售人员绩效考评的依据，也是公司组织员工内部培训的重要资料来源，因此客户关系管理系统将成为智慧旅行社不可缺少的应用系统。

（四）供应商管理和在线采购技术

这是旅行社偏重采购管理的智慧型技术，利用该技术可实现对供应商的基础信息、资格管理、价格管理、合同管理、采购过程等全程控制，实时查询供应商产品资源以及采购、付款情况，其数据在业务系统和财务系统中可实现同步。在线采购系统可以实时查询景区景点资源，在线采购门票、饭店、交通工具、旅游保险等服务产品，并实现在线采购合同管理及在线的支付功能。该技术通过在线系统的统计分析，可提供核算报表，根据结果进行快速的采购决策，有利于旅行社控制业务成本。在线采购系统非常适合大型旅行社以及联合型经营的旅行社实现统一采购。

（五）电子合同及订单管理技术

旅行社的电子合同是目前智慧管理中的难点，目前已有旅行社开始应用在线电子合同，如浙江旅游信息中心应用的旅行社电子合同管理技术。利用该技术可在线完成电子合同的填报、打印，电子合同在线统计、查询与分类管理，向主管部门在线申报与备案等。而有效的订单往往和电子合同联系在一起，通过网络组团报名的订单都要填写电子合同，通过在线的方式填写电子预订单，实现预订单的在线流转，形成有效的电子合同及订单管理技术。该技术通过使用电子预订单，可收集客户信息，形成数据库，并与客户关系管理系统对接，通过在线的方式交换电子订单，实现有效订单的在线流转，从而形成规范化电子行程单，并对行程进行在线监控，通过对数据的分析，实现行程预报并建立预警机制。该技术还具有在线订单结算功能，对结算单进行统计管理，并借助在线系统进行财务数据交换，完成业务的统计和监管。

三、智慧旅行社案例

下面介绍两个传统旅行社开展智慧建设的一些应用情况。

（一）杭州信达国际旅行社的智慧建设

旅行社是旅游业的龙头行业，是资源和客源之间的中介，是各种旅游资源的整合者与代理销售者，也是旅游信息的提供者与客源的组织者，在旅游业中不仅起穿针引线的作用，而且是旅游产品的制作者、推销者和实施者。要利用旅行社自身的人、财、物、供、产、销，围绕企业的经营目标来提供一条成本低、利润高、质量好的服务流水线，就要求企业有一套良好的管理制度与贯彻执行的内在结构。杭州信达国际旅行社（以下简称"信达国际旅行社"）始终围绕这一信念，在开展智慧旅行社建设的过程中，始终把旅游电子商务发展放在首位，为游客提供便捷的商务服务。

1. 公司介绍

杭州信达国际旅行社有限公司是杭州市优秀旅行社，是经国家旅游局（现文化和旅游部）、工商局正式批准注册，具有独立法人资格的旅行社。公司主要经营会议会展、旅游度假、票务预订等业务；为客户提供杭州旅游、国内旅游、华东地接旅游、公司旅游、自助游、会议接待，以及酒店预订、机票预订、景区门票预订等服务，为顾客提供真正意义上的一站式旅游服务。

2. 智慧建设概况

目前，国内某旅行社开展智慧建设，主要围绕门户网站的建设及网络渠道的建设推进，积极探索门户网站的电子商务模式以及第三方在线代理商渠道的建设与优化，同时利用第三方平台开设旅游电子商务网店。

该旅行社网络部经理指出，由于电子商务网站平台有游客足迹遗留，可方便与客户取得联系，了解客户满意度，旅行社应发挥电子商务的能力和技术优势满足游客四大主要需求，即及时准确的信息提供、有效和持续的沟通、安全无缝的在线交易、有效和持久的客户关系管理系统，通过网站实现对游客的智慧跟踪和智慧服务。对于旅行社来说，通过电子商务平台，旅行社能够提供实时的信息服务、信息交互及直接的网络交易。下面分别从自建门户网站、第三方在线代理商渠道及第三方平台开设旅游网店这三种销售模式进行智慧商务的对比与分析。

（1）旅行社自建门户网站

旅行社自建门户网站的优点是品牌唯一，无须给第三方佣金，对旅行社长久发展、在线组团、品牌自身推广有优势，但是由于智慧型网站建设成本高，团队人员必须具备较高的素质，旅行社进入门槛较高，需要时间培育网络品牌。目前，该旅行社由于资金、人力的原因，自建门户网站投入较少，智慧服务的效果并不理想。

（2）旅行社依靠第三方在线代理商渠道销售产品

该模式的优点是成本、团队及门槛等要求较低，品牌见效快。缺点是品牌共享，如旅行社选择消费者使用较多的第三方在线旅行预订代理商进行产品推广时，其中有些网站并未提及产品由该旅行社提供。另外，旅行社无法自己掌控市场数据和业务数据，利用这些渠道旅行社最多只能提供一些智慧服务，而旅行社的智慧管理无法实现。因此，此模式不利于旅行社自身品牌的推广和建设。

（3）第三方平台开设旅游网店

该模式的优点也是成本、团队及门槛等要求较低，并且相比第三方在线代理商，更有利于品牌推广。但是在部分第三方平台上维护旅游网店的信誉及提高网店的搜索排名需要花费大量的精力。

目前旅行社的客户来源主要是从线上发展为长期客户。线下的客户都是常客，主要以老年人为主。在日常的客户关系管理中，旅行社应在网络建立客户关系管理系统，以实现对客户的在线服务和在线管理，但是旅行社开展智慧型电子商务最主要的目的是推广宣传、招揽客源，旅行社提供的基础产品还是服务，电子商务是主要的销售渠道之一。在线上交流之后，后续的营销还是以优质服务为主，即通过旅行社的 O2O 模式实现真正的智慧商务。

3. 网站的电子商务优势

近几年，我国电子商务发展迅猛，越来越多的旅行社加入了电子商务营销大军中。相比传统旅游营销，旅游电子商务优势明显，主要集中体现在以下几个方面。

（1）与旅游产业和产品有很高的契合度

首先，旅游产业的关联性很强，需要交通、邮电、商业、轻工、城建、文化和文物等部门的协调与合作，因而进行决策时，除要考虑向旅游者提供餐饮、住宿及其他相关产品和服务外，还要满足各相关行业的需要。旅游电子商务可以把众多的旅游供应商、旅游中介、旅游者联系在一起，景区、旅行社、旅游酒店及旅游相关行业可借助同一网站招徕更多的顾客。在优势互补的基础上提高了资源的利用效率，形成银行、旅游中介商、旅游产品生产者、旅游者四方得利的共赢局面。其次，多数旅游产品具有无形性和不可储存性的特点，其生产和销售的过程是在服务的过程中完成的，避开了现代电子商务中配送体系不完善的问题，有利于智慧商务的建设与实现。

（2）有利于旅行社降低经营成本

旅游者对旅游电子商务认知度的不断提升，极大降低了旅行社的经营成本。

①降低了旅行社的信息传播成本，网络媒介具有无时间地域限制、无时间版面约束、内容详尽、双向交流、反馈迅速等特点。

②网络营销无须付出店面租金成本。

③减少了旅游市场的交易成本。电脑网络形成的"媒体空间"取代了"物质空间"，"虚拟市场"取代了"传统市场"，旅行社和消费者可进行直接交易。

（3）应用电子商务创新经营模式

①旅行社能够利用网络吸引新顾客。作为新的营销渠道，网上订购比较方便快捷，不受时空的限制，扩大了市场"空间"，增加了吸引力，互联网可吸引那些在传统营销渠道中无法吸引的顾客到网上订购。

②旅行社利用电子商务可以与旅游者进行交互式沟通，针对旅游者的需求，可以提供个性化服务。

（4）满足消费者的独特需求

随着社会经济的发展和生活水平的提高，个性化的消费日益成为人们的追求目标，反映在旅游业上，就是追求个性化的旅游体验，如个性化的旅游线路、个性化的旅游经历、个性化的旅游纪念品等，加上不断改善的高速交通网络，大大缩短了旅途时间，从而加剧了这种个性化需求的发展。在我国旅游业的产值中，在线旅游的电子商务份额在不断增加。显然，若依靠传统的业务模式将增加极大的运营成本，而这恰恰为旅游电子商务提供了一个广阔的发展空间，它会以类似"定制"的方式去满足众多的远距离、小批量的旅游消费需求，这就是智慧商务发展中的巨大潜力。

（5）提升行业的国际竞争力

随着境内外双边经贸交流合作的进一步加强，国外旅游服务公司长驱直入，凭借成熟的电子商务经验抢占市场先机。一旦旅游市场全面开放，网络旅游迅速成熟，那么，整个旅游行业现在的竞争格局将被改变。因此，传统旅行社在线化发展刻不容缓，我国旅行社只有积极参与运用电子商务，适应国际旅游需求的新特征和国际旅游交易的新方式，不断提升品牌形象和服务水准，才能将资源优势转化为产品优势和市场优势，从而提高自身的国际竞争力，在国际旅游市场上赢得一席之地，以上电子商务的发展优势，正是国内旅行社选择电子商务为智慧建设内容突破口的主要原因。

（二）杭州同人国际旅行社智慧建设

杭州同人国际旅行社有限公司（以下简称"杭州同人"）是华东地区首家全新概念的新型旅行社企业。它突破了传统旅行社运作的陈旧模式，完全依托网络技术、自主开发的软件平台，以先进的科学管理模式及新型运作模式来构建自己的服务平台，发展智慧型旅游电子商务，成为以电子商务为核心的智慧旅行社信息平台。

通过公司自建的智慧型信息服务平台，"杭州同人"利用信息技术开拓了新的市场和渠道，尝试用新的方式在业界率先实现"旅游功能国际化""旅游产品国际化""旅游营销国际化""旅游服务国际化"和"旅游管理国际化"。"杭州同人"现设英语部、法语部、德语部、西班牙语部、阿拉伯语部、日语部、繁体中文部七个业务部门，以及采购部、计调部、IT 部、财务部四个主要业务服务部门，并计划根据目标市场的扩大增设韩语部和俄语部。

"杭州同人"自成立之日起就高度重视应用现代信息通信技术发展智慧旅游信息平台，实现基于服务平台的智慧管理与智慧服务。公司依托雄厚的人才和技术优势，先后自主研发了旅行社 ERP 系统、XRM 系统和 OA 系统并投巨资搭建旅行社电子商务平台。"杭州同人"还针对目标市场游客偏好等因素，联合国内外多家旅行社共同建立"旅游资源数据库"，保证了准确、实时、在线化的数据资源获取，成为旅行社智慧化运营的基础保障，对提高旅行社市场竞争力产生重要的积极意义。下面是公司自主研发的几个应用系统。

1. ERP 系统应用

依托自主开发的企业 ERP 系统，"杭州同人"将传统的表单报团流程向电子化流程推进，目前公司的业务操作均以电子化的方式完成。产品设计流程、组团流程、销售流程、结算流程、资讯服务流程、计调流程、采购流程等都通过 ERP 系统统一管理。基于完善的电子商务平台，"杭州同人"以网络为媒介与客户进行沟通并完成交易。客户从访问咨询开始，就进入其电子化业务流程。

2. CRM 系统应用

"杭州同人"开发的 CRM 系统，主要为会员客户提供服务，它与 ERP 系统可实现数据的无缝交换。系统具备客户资源管理、未成团管理、成团管理、潜在客户管理等应用功能，目前公司正在进一步完善 CRM 系统，加速开发 CRM 的数据挖掘功能，为下一步智慧商务提供数据支持。公司将依据 ERP 和 CRM 的整合功能，构建具有电子商务特色的智慧旅行社应用模式，满足监管经营中的管理、服务、营销的所有业务需求。

3. OA 系统应用

"杭州同人"的日常办公均使用自主研发的 OA 办公系统，已完全进入无纸化办公时代。利用 OA 办公系统实现内部流程的电子化流转，如用于公司内部的项目审核、财务管理以及员工的绩效考核等工作流程，基本实现了旅行社办公流程的信息资源化、传输网络化，极大地提高了整个公司的运行效率及智慧决策能力。

4. 官方网站集群

"杭州同人"的官方网站包括传统网站和微网站等，通过集群实现信息的统一、业务流程的统一、营销活动的统一。"杭州同人"的官方网站是多语种网站群的主网站，主要由几大旅游产品及路线推荐板块组成，集旅游路线推荐、在线预订及支付功能等于一身。"杭州同人"通过网站经营线上 B2C 入境旅游业务，目标市场对准来中国旅游的国外游客，业务开展以此网站为主体，客户通过网站访问完成组团订单业务的完全信息化管理。

四、智慧建设的主要业务管理系统

目前,智慧建设主要有以下业务管理系统。

(一)管理信息系统

智慧旅行社的业务主要依靠管理信息系统进行管理,经营管理中的预订、接待和办公自动化等都属于管理信息系统业务内容。智慧型管理信息系统的实施涉及旅行社的各个部门,旅行社靠管理信息系统来提高业务的智慧处理效率,是旅行社智慧管理的主要技术系统。

(二)计算机预订系统

计算机预订系统是一个旅游业内部的专用预订系统,一端连接航空公司、饭店等服务单位,另一端连接各地区的旅行社单位,用于预订机票、客房等服务,同时还可用于连接单位间的费用清算。智慧旅行社主要用计算机预订系统开展预订业务和旅行社的营销。计算机预订系统不但提高了旅行社业务处理的效率,而且为旅行社带来了更多的订单,产生更大的收益,是旅行社智慧管理和智慧商务建设中的主要系统。

(三)客户关系管理系统

客户关系管理系统是客户关系技术在旅行社的具体应用,建设的重点是挖掘有价值的客户,维系已有的老客户,为客户创造收益。智慧旅行社依靠客户关系管理系统对客户关系进行统一管理,并为关系客户实施自动销售和一对一营销。依靠客户关系管理系统可以在经营中以客户为中心,通过有效的关怀管理提升客户满意度,培养旅行社的忠诚客户,提升和挖掘客户价值。该系统使旅行社实现了敏捷服务及差异化服务,是智慧服务建设中的主要技术系统。

(四)网站系统

智慧旅行社有自己的网站,由公司网络部的员工进行管理和维护,并且加入了第三方网站。员工在网站上发布产品相关信息,销售和管理旅游包价产品。旅游者通过网站搜索旅游信息，预订、购买自己喜欢的旅游产品。网站作为一个信息交流平台，使旅行社与旅游者、旅行社与供销商、旅行社之间的信息传递不再受时间和地域的限制。在网站上与客户进行互动交流，也提高了旅行社的营销效益，是智慧服务和智慧商务的主要技术系统。

五、电子商务开展中的智慧创新

在电子商务开展过程中，围绕智慧建设有四个方面的创新点。

（一）销售模式创新

旅游电子商务系统的设计是建立在传统旅行社业务的基础上，具有完整的产品开发、销售、营销及信息流通体系；同时，它拥有比传统旅行社大得多的覆盖范围和多得多的用户基数。基于这些特性，旅游电子商务企业通过对互联网技术的运用和提升，采用以客户需求为导向的营销策略，整合出其特有的在线销售模式，具体介绍如下。

1. 在产品开发上，加强消费者行为研究

利用互联网技术，收集及分析客户网上消费行为，并根据具体的调研得出相关结论，从而运用到客户细分、市场选择及价值定位等的战略决策上，个性化地设计满足客户要求的产品。

2. 在信息交流上，实现在线交流模式

利用平台优势，突破原有价值链单向信息传递的弊端，通过信息和产品资源的整合，建立了全国甚至全球覆盖的旅游要素在线预订平台，消费者通过互联网、呼叫中心和手机无线等电子商务渠道可一站式地获得相关旅游信息，预订产品，实现支付。

3. 在客户管理上，立足于消费者关系维护

基于消费者行为研究，提供高质量的客户体验，是旅游电子商务企业的核心

价值,且通过其在线预订模式的标准化、便捷化和高针对性,增加客户黏性,提高自身的利润。

(二)自媒体营销创新

旅游电子商务作为一种直接面对消费者的媒介,可以和消费者进行无阻碍的沟通,其庞大的客户资源及海量的数据库成为其核心价值,并通过资源端的整合和规模效应所产生的价值链提升营销效果和扩大营销的覆盖面。其所运用的旅游营销手段,主要核心内容都是在资源整合和数据库营销的基础上予以实现的。同时,其主导的营销策略可根据市场和产品的需求,变得更灵活多样。利用自媒体营销可以实现以下智慧营销创新。

1. 在产品开发上,注重结盟营销

结盟营销是结盟方利用自身的核心优势,为了尽最大可能提升规模效应、扩大自己的市场占有率、加大信息和资源共享力度而组成的利益共同体。旅行社联盟可以利用电子商务中的自媒体实现智慧型营销,如微信营销、微信组团、微信支付、微信关怀等。

2. 在信息交流上,主推互动营销

人与互联网及人与人之间的互动可以起到广泛传播的效果。互动营销、社交网络营销都可以让电子商务在营销过程中充分采纳旅游者的意见和建议,将其用于产品的规划和设计,为旅行社的市场运作服务。

3. 在客户管理上,做到精准营销

对于旅游电子商务企业来说,精准营销的目标是通过加强客户信息处理来增加客户的忠诚度,同时通过数据库分析提高客户转化率,有针对性地将产品和消费者紧密地联系在一起,助力智慧旅游销售。

（三）营销评估创新

传统营销模式的不足就是无法对其营销项目的效果进行评估，这是由营销与销售体系相脱节的模式造成的。在新模式中，在旅游电子商务其获得利益的前提下，其营销项目的目标即将潜在客户的切实需求直接转化为可达成销售的过程。因此，营销效果的评估主要集中在将多少潜在消费直接转化为实际的消费。而评估体系则可以建立在潜在消费与实际消费的转化维度来进行考评，并可以将其销售成果直接作为营销效果进行评估，弥补长久以来旅游营销无法进行效果评估的不足。这也是利用电子商务实现智慧营销的一条可行途径，有效的评估可以快速定位到企业的目标客户。

（四）营销模式创新

根据"营"与"销"相结合的模式，提出旅游电子商务在旅游营销上的创新模式，这是智慧营销开展的基础。

总之，基于互联网技术的旅游电子商务实现了在线预订的销售模式，既为消费者获取信息提供了专业载体，同时又兼具旅行社的服务功能，实现销售、营销、服务的一体化经营，并通过海量数据库进行消费者调研，打破了长期以来旅游营销与销售处于脱节的局面。这种"营"与"销"相结合的创新营销模式，在旅游电子商务平台、消费者和消费市场三者之间建立起一个紧密联结的纽带，为今后市场的快速增长和日益多元化的客户需求开辟了一条新的途径，将成为今后旅行社发展智慧商务的新契机。

六、智慧建设中存在的不足

旅游电子商务在我国旅游市场中具有很大的发展潜力和空间，旅行社的转型升级需要借助电子商务有步骤地开展智慧系统的建设。但目前智慧型的旅游电子商务充分发展的条件尚未成熟，尤其在旅行社企业，智慧建设发展中仍然存在一些问题。

（一）网络体系不够智慧，信息匮乏

1. 网站平台的智慧功能不足，内容更新不及时

传统旅行社的电子商务网站平台的智慧功能不足，内容接驳技术还很缺乏，具体表现在：旅行社自建网站平台的窗口功能不足，提供给浏览者的商务信息单一，信息发布不够及时。比如，在某些旅行社的网页上，只能找到出境游、自由行、游轮的旅游线路信息，而找不到周边游、国内游及门票等相关信息的链接，无法满足有出游意愿的浏览者的旅游信息需求。

2. 自建网站形同虚设

自建网站系统不能对浏览者的留言予以及时回复，在线客服的功能不到位。尽管旅行社的网站上存在大量的留言，但是由于部分旅行社很少在线关注自己的网站，对这些顾客留言未给予任何回复，这样的做法一方面有损企业形象，另一方面也导致顾客满意度下降，造成了部分顾客的流失。

3. 自建网站搜索功能差

目前很多旅游企业的自建网站只是简单地进行一些诸如旅游景点、旅游路线等介绍性的描述，还未充分利用电子商务平台来提供专业的、全面的、实用的、个性化的旅游搜索服务，网站内容不完整，然而顾客都希望能在网上以各种方式搜索感兴趣的信息，而多数网站没有搜索功能或只提供了简单的线路查询。

（二）缺乏智慧型、复合型人才

旅行社的智慧建设涉及多方面的知识，相关人员不仅要精通网络技术，还要精通市场营销知识、管理和旅游等方面的专业知识。然而，既熟悉电子商务又精通旅游业务的智慧型、复合型人才还非常缺乏，这必然会对旅游业的智慧发展产生阻碍，因此需要企业积极培养相关专业人才。

（三）系统安全性不足

安全问题是阻碍消费者网上交易的因素之一。由于互联网迅速发展，旅游电子商务正在不断扩大市场份额，已被公认为旅游业最有潜力的新的增长点。然而，在网络交易时，电子商务系统会受到电脑病毒、黑客等方面的安全威胁，使一些消费者不愿意采取网上支付的方式，担心自己的财产安全。另外，消费者在进行网上交易时，有些消费者担心隐私会被泄露，这使得一些消费者对网络安全缺乏信任，进而不愿意在网上进行交易。这些都需要旅行社具备安全方面的应急处理能力。

（四）经营模式缺乏创新意识

旅行社在智慧建设和系统的整合上缺乏创新意识，虽然已建立了多个信息系统以支持企业发展，但缺少智慧化服务特色。相关的信息系统都以旅游业务点为处理原则，未整合底层数据智慧型协同能力不足。旅游电子商务系统需要在经营模式上实现创新，智慧地处理旅行社内外的所有业务。

七、点评观点

点评观点一：

智慧旅游建设是近些年来活跃在旅游经济舞台上的新趋势。旅游业自身的性质、特点以及社会信息化、经济网络化，决定了旅游业具有发展智慧型电子商务得天独厚的优势，发展旅游电子商务也成了传统旅行社的必然选择。

智慧旅行社的建设和发展对改变人们的旅游方式产生了极大的影响，选择在网上预订旅游项目的游客越来越多，在线服务越来越普遍。因此，旅行社必须抓住信息化时代的机遇和挑战，努力去适应网络时代的变革与发展，利用电子商务为游客提供更个性化、更满意的旅游服务，实现旅行社经营管理的创新，提高旅行社的竞争实力，促进旅游电子商务健康地发展。旅行社的智慧建设围绕电子商务展开，目前缺乏有效的智慧服务，如自建网站平台发布的一些旅游线路不仅缺乏智慧选择的服务，还缺乏在线旅游视频的热点信息。为此，可以围绕门户网站的智慧营销开展一些实质性的系统建设，如基于 O2O 模式的订单管理系统，从而提高在线旅游者的出游率，增加旅行社的线上交易量。

点评观点二：

旅游电子商务是旅游业中增长最快的领域，而且对传统旅游业的运作方式具有一定的颠覆性，这种颠覆性在旅行社行业表现得尤为突出，部分电子旅游服务商正以完全不同于传统旅行社的新模式改写着旅游发展历史，创造着奇迹，因此传统旅行社以电子商务作为突破口开展智慧建设，是一个明智的选择。

点评观点三：

旅游电子商务的出现为旅行社带来了机遇和挑战。

通过旅游电子商务，旅行社可以让更多潜在客户看到旅行社发布的旅游信息，这就意味着旅行社可以获得更多的旅游产品收益。但是，旅游电子商务的出现也为旅行社带来了很多挑战。随着旅游电子商务的不断发展，会有越来越多的旅行社视旅游电子商务为发展新契机，如果旅行社缺乏创新，不能有效提升自身的旅游服务能力，那么哪怕它拥有旅游电子商务，也无法在同行中脱颖而出。

旅游业是第三产业，也是服务行业，它涉及与多个行业的业务关联，如金融业、IT 业及交通服务业等。智慧旅行社建设必然会涉及这些行业，因此在智慧建设中首先要创新经营模式，如可以通过网络在线预订系统随时随地选择旅游地点及旅游出行方式，实现网络交易与服务的有效结合，并在结合过程中，实现相关业务的数据互联。例如，加强与金融业的合作与协调，实现在线流程的改造，通过推广多种支付手段，加强缴费系统的安全性，确保消费者的信息财产安全，这些都是智慧建设中需要不断完善的内容。

第七章　智慧旅游电子商务创新变革

第一节　智慧旅游电子商务概述

旅游电子商务作为旅游企业的一种经营手段,伴随着国内旅游业的飞速发展日渐成为旅游业最热门的词汇。在物联网、"云计算"的大背景下,我国将加快推动旅游在线服务、网络营销、网上预订、网上支付等智慧旅游服务。一些具有"前瞻性"眼光的旅游商家已洞察到,一场颠覆传统旅游业的技术革命就要到来了。它,就是智慧旅游电子商务!许多业内人士也意识到,这种全新的旅游消费方式正在取代传统的旅游消费模式,并将逐步引领未来的旅游产业。可见,发展智慧旅游电子商务可谓天时地利人和。

一、电子商务的概念

20 世纪 90 年代以来,随着计算机网络、通信技术的迅速发展,特别是互联网的普及应用,电子商务以前所未有的速度向各个社会领域渗透,并迅速演变为一场全球性的发展浪潮,在世界经济生活中出现了广泛的技术应用革命。对于电子商务,国际上至今没有统一的定义。在率先发展电子商务的美国、西欧等发达国家和地区,许多组织、企业会根据自己的理解提出电子商务的概念。

（一）世界电子商务会议的定义

国际商会在巴黎举行的世界电子商务会议中的一项重要内容是共同探讨电子商务的概念。会议从商业角度提出了电子商务的概念:电子商务是实现整个贸易活动的自动化和电子化。它涵盖的业务包括信息交换、售前售后服务、销售、电子支付、运输、组建网上企业等。

（二）世界贸易组织的定义

世界贸易组织（WTO）在《电子商务》专题报告中，对电子商务的定义是：电子商务是通过电信网络进行的生产、营销、销售和流通活动，它不仅指基于因特网上的交易活动，还指所有利用电子信息技术来解决问题、降低成本、增加价值、创造商业和贸易机会的商业活动，包括通过网络实现从原材料查询、采购、产品展示、订购到出品、储运、电子支付等一系列的贸易活动。

（三）IBM 公司的定义

IBM 公司对电子商务的描述是：电子商务是指采用数字化电子方式进行商务数据交换和开展商务业务的活动，是在互联网广阔联系与传统信息技术系统的丰富资源相结合的背景下，产生的一种相互关联的动态商务活动。它强调的是在计算机网络环境下的商业化应用，不仅仅是硬件和软件的结合，还是在因特网、企业内部网、企业外部网下进行的业务活动。

（四）惠普公司的定义

惠普公司认为电子商务是通过电子化手段来完成商业贸易活动的一种方式。电子商务使我们能够以电子交易为手段完成物品和服务的交换，是商家和客户之间的联系纽带。它包括商家之间的电子商务及商家与最终消费者之间的电子商务。

（五）广义的电子商务与狭义的电子商务

李琪教授在《电子商务概论》一书中将电子商务划分为广义和狭义的电子商务。广义的电子商务（electronic bussiness，EB），是指各行各业，包括政府机构和企业、事业单位各种业务的电子化与网络化。广义的电子商务也可以称为电子业务，其业务主要包括电子商务、电子政务、电子军务、电子医务、电子教务、电子公务、电子事务、电子家务等。

狭义的电子商务（electronic commerce，EC），是指人们利用电子化手段进行以商品交换为中心的各种商务活动，如公司、厂家、商业企业、工业企业或消费者个人利用计算机网络进行的商务活动。狭义的电子商务也可称为电子交易，包括电子商情、电子广告、电子合同签约、电子购物、电子交易、电子支付、电子转账、电子结算、电子商场、电子银行等不同层次和不同程度的电子商务活动。

二、智慧旅游电子商务的概念

旅游电子商务的概念始于 20 世纪 90 年代，最初是由瑞佛·卡兰克塔（Ravi Kalakota）提出的，并由约翰·海格尔（John Hagel）进一步发展。

国际上沿用较广的对旅游电子商务的定义是：旅游电子商务就是通过先进的信息技术手段改进旅游机构内部和对外的连通性，即改进旅游企业之间、旅游企业与上游供应商之间、旅游企业与旅游者之间的交流和交易，改进旅游企业内部流程，增进知识共享。

我国学者对旅游电子商务的定义是：旅游电子商务是通过先进的网络信息技术手段实现旅游商务活动各环节的电子化，包括通过网络发布交通旅游基本信息和旅游商务信息，以电子手段进行旅游宣传促销、开展旅游售前售后服务；通过网络查询、预订旅游产品并进行支付，以及旅游企业内部流程的电子化及管理信息系统的应用等。

近年来，在物联网、"云计算"的大背景下，智慧旅游这种面向未来的全新旅游形态不断升温，越来越受到人们的关注。随着智慧旅游的成果不断直接应用于旅游产业要素，一批智慧旅游景区、智慧旅游企业快速成长。

"智慧化"成为新时代发展旅游业的必然选择,旅游电子商务业务也成为众多旅游企业新的盈利方式。在分析已有研究成果的基础上,把智慧旅游电子商务定义为:在智慧旅游背景下,利用互联网、现代通信技术及其他信息技术进行的任何形式的旅游商务运作、管理和信息交换,它拥有旅游电子商务的一切功能,旅游企业可通过旅游电子商务平台整合旅游资源,为旅游者量身定做,提供适需对路的旅游产品,旅游者也可以通过旅游电子商务平台寻找"个性化"的旅游产品及活动。智慧旅游电子商务打破空间和地点的阻隔,用户可以随时、随地、随意地去查询、消费、游乐,而且一切行为都可以在云端统一协调。

三、智慧旅游电子商务的体系结构

一个完整的旅游电子商务系统是以网络信息系统为基础,由旅游者、旅游企业、电子商务服务商、电子支付结算体系共同组成的综合体。

智慧旅游电子商务系统不是独立的,它是电子商务的一个重要组成部分,需要旅游业发展环境、社会环境、网络技术环境及相关的电子商务法律法规和旅游管理法律法规的支持与保障。

无论是互联网上的旅游电子商务还是企业内部的管理信息系统,都是以计算机网络化形式存在、管理和运营的。智慧旅游电子商务中涉及的信息流、资金流均和网络信息系统密切联系。以网络信息系统为平台,旅游企业、旅游者、专业旅游网站运营商、支付结算服务商、物流服务商等组成了一个完整的旅游电子商务运作系统。

(一)智慧旅游电子商务体系的构架基础

互联网信息系统是智慧旅游电子商务体系的基础,是提供信息、实现交易的平台。旅游企业、机构及旅游者之间利用这个平台进行跨越时空的信息交换。旅游机构可以在网站上发布信息，旅游者可以搜寻和查看信息。交易双方可以通过网络支付系统进行电子支付。旅游预订和交易信息可以指示旅游企业组织旅游接待服务，最后保证旅游业务的顺利实现。

互联网信息系统可以分为互联网、增值网和内联网三种。

1. 互联网

互联网可以为电子商务的开展提供许多便利，实现诸如电子邮件、信息浏览、远程登录、网上聊天等功能，而且能够提供24小时的信息服务，并且支持图片、声音等多种多媒体形式。互联网与旅游业结合可以为旅游机构提供巨大的商业机会。

2. 增值网

增值网是最早的旅游电子商务方式，主要模式是电子数据交换，主要应用于旅游企业之间的商务活动。电子数据交换需要专门的操作人员自行开发所需应用程序，并且需要业务伙伴也使用电子数据交换，因此受到一定的制约。但是相对于互联网，电子数据交换在安全保障方面更具优势。目前电子数据交换在智慧旅游中的应用主要集中在计算机预订系统和全球分销系统中。

3. 内联网

内联网是在互联网基础上发展起来的企业内部网。它把一些特定软件附加在原有的局域网上面，将局域网与互联网连接起来，而且它受到企业防火墙安全网点的保护，外部人员很难进入。内联网连接分布在各地的分支机构及企业内部部门，企业管理人员以此获得自己所需的信息，从而形成企业内部的虚拟网络，降低企业的通信成本，推进企业的内部无纸化办公。如今，在大型饭店集团及大型旅行社中广泛使用内联网。

（二）智慧旅游电子商务的应用主体

旅游目的地营销机构、旅游企业和旅游者构成智慧旅游电子商务的应用主体。

1. 旅游目的地营销机构

旅游目的地营销机构是一种专门负责目的地旅游促销事务的组织。这些组织一般是依法成立的法定机构或非营利组织，公私合营较为普遍。旅游目的地营销机构是信息网络和电子商务技术的主要应用者。

2. 旅游企业

旅游企业是旅游市场的主体，包括旅游服务提供商和旅游中间商负责生产、组织和销售旅游产品，开展跨国度、跨地区的旅游经营活动。旅游企业开展电子商务必须进行系统规划，建设好自己的电子商务系统。一个完整的旅游企业电子商务系统，由企业内部网络系统、企业管理信息系统和电子商务网站等部分组成。企业内部网络系统是沟通企业内部信息传输的媒介，企业管理信息系统是信息加工、处理的工具，电子商务网站是企业拓展网上市场的窗口。

旅游企业的互联网应用可以是多方面的，最普遍的是建立自己的旅游网站作为企业宣传和促销产品的平台。此外，旅游企业还可将自己的旅游产品提交给专业的旅游电子商务服务商进行代销售，最典型的体现于航空机票代理和酒店客房预订两个旅游产品。

3. 旅游者

旅游者是智慧旅游电子商务的最终服务对象。旅游者购买旅游产品并到目的地进行旅游活动，是旅游产品的消费者。旅游者通过旅游电子商务享受到查询、预订、咨询及服务等多方面的便利，可以节省大量的时间和费用。

旅游出行前，旅游者可以通过电子商务网站查询旅游目的地信息，如公交信息、旅游产品信息及旅游企业信息等，并通过电子商务网站预订旅游产品，进行网上支付；旅行中，旅游者可以通过电子商务平台了解目的地各种情况，查询相关的旅游设施；旅行归来，旅游者可以通过平台填写调查问卷、提出建议、进行投诉等。

在互联网上，旅游者不仅是旅游信息的获取者，还是旅游信息的发布者和传播者。旅游者可以将自己的亲身体验、自己的活动照片和视频发布到互联网上，与广大网民分享，进行经验交流。旅游企业可根据旅游者提供的反馈信息进行数据分析，纳入客户关系数据库中，定期向其传递符合旅游者偏好的旅游促销信息。

（三）智慧旅游电子商务的技术支持者

电子商务服务商为旅游企业、旅游机构和旅游者在网络信息系统上进行商务活动提供技术支持。根据其服务内容和层次的不同可分为两类：一类是旅游电子商务系统提供物质基础和技术支持服务的系统支持服务商；另一类是专业的电子商务平台运营商，负责开发运营电子商务平台，为旅游企业和旅游者之间提供沟通渠道、交易平台及相关服务。

（四）智慧旅游电子商务网上交易实现的保障

电子支付结算是旅游网上交易完整实现很重要的一环，关系到购买方的信用、能否按时支付、旅游产品的销售方面能否按时回收资金并促进企业经营良性循环等问题。电子支付结算系统的稳步发展，是智慧旅游电子商务得以顺利实现的重要因素。

旅游产品具有异地购买、当地消费的特点，与其他行业不同，旅游电子商务对物流配送的需求相对较少。不管是预订酒店还是预订旅游线路，都需要旅游者亲临当地进行消费。旅游产品的这种消费特点很好地规避了传统电子商务过程中商品远距离运送的问题，而只需要解决一些交通票据的距离递送等问题，如机票的上门配送服务等。

四、发展智慧旅游电子商务的意义

伴随互联网技术的兴起和普及而产生的智慧旅游电子商务,已成为发达国家开拓旅游市场的重要手段,给旅游业的传统经营模式带来了极大挑战。在这种背景下,发展智慧旅游电子商务,使传统旅游业快速融入智慧旅游电子商务发展浪潮,有利于改变旅游业传统经营模式,为旅游者提供个性化服务,实现旅游服务形式多样化,降低旅游企业经营成本,进一步完善旅游企业的服务形式。

(一)改变旅游业传统经营模式

旅游业是为旅游者提供吃、住、行、游、购、娱等多种服务的综合性行业,旅游者对旅游企业服务的满意程度在一定程度上决定着旅游企业的生存和发展。因此,旅游企业要及时了解旅游市场客源信息和旅游者需求,及时、准确、详尽地向旅游者提供丰富的旅游景点信息,并根据旅游者的需求提供相关服务,在旅游企业传统经营模式下,旅行社承担着组织客源和协调酒店、交通运输、旅游景点关系的重任,一方面要收集潜在旅游者的需求信息,将它传递给酒店、旅游景点等,使其能够迅速做出反应,为旅游者提供满意的服务(或产品);另一方面要将旅游服务(或产品)的有关信息直接或间接地传递给潜在旅游者,激发他们的旅游欲望,使其产生旅游行为。这种经营模式往往因为时空限制,不能适应旅游企业与旅游者之间相互交流的要求,难以满足旅游者个性化、多样化需求,甚至会增加旅游者的旅游成本,导致其满意度下降,成为阻碍旅游业发展的瓶颈。而智慧旅游电子商务能够突破时空限制,使各旅游企业之间沟通更便捷,任何一个企业都可以通过智慧旅游电子商务平台了解其他企业的情况,实现资源、信息和利益共享,使旅游企业与旅游者之间的相互交流和信息反馈更加畅通,以便推出满足旅游者个性化需求的旅游服务（或产品），获取旅游商机，提高经营效率。例如，国内其旅行社通过智慧旅游电子商务平台实现旅游线路信息实时报送、更新以及订单查询、订单跟踪、支付结算、监控等业务流程操作，将各种旅游资源有机地结合在一起，突破经营的地域限制，从而给企业注入了新的活力，提高自身的市场竞争力。

（二）为旅游者提供个性化服务

随着社会经济的发展和城乡居民生活水平的提高，旅游者追求个性化旅游成为一种时尚。所谓个性化旅游是指为满足旅游者某方面的特殊兴趣与需要，定向开发、组织的一种特色旅游活动，它是对传统常规旅游形式的一种发展和深化，对旅游服务提出了更高要求。旅游者在出游前需要全面了解与旅游相关的各种信息，并希望在旅游过程中充分享受到方便快捷的服务。要满足旅游者这种个性化的旅游需求，旅游企业必须拥有强大的资源整合能力，传统的旅游业务管理模式显然不能满足这种需求，智慧旅游电子商务平台具有高速度、高精度和低成本的信息处理能力，可以在较短的时间内迅速整合各种旅游资源，因而智慧旅游电子商务平台可为旅游企业向旅游者提供个性化服务创造广阔的空间。一方面，旅游者通过智慧旅游电子商务平台不仅可以查询旅游企业及其提供的各条线路和景点，了解行程、报价、住宿等信息，而且可以自由地进行交流、自主地选择自己所需要的产品和服务，自愿地组团和选择参加者，"自助"地预订旅游路线、选择交通方式、预订酒店和导游，并根据自身需求对旅游企业提出新的要求。另一方面，旅游企业可以通过智慧旅游电子商务平台与旅游者进行交互式沟通，为缺乏旅游经验的旅游者提供咨询意见，并及时根据自身的实际情况，针对旅游者的需求，为旅游者提供无处不在的个性化、实时贴心的服务，使个性化旅游带给旅游者全新的旅游体验，从中享受旅游的乐趣，从而创造出更多的市场机会。

（三）实现旅游服务形式多样化

旅游产业涉及范围广，关联到交通、商业、邮电、文化、文物等相关部门，旅游企业以往千篇一律的"旅游套餐"服务已经不能满足旅游者的多样化需求。智慧旅游电子商务把众多的旅游供应商、旅游中介、旅游者联系在一起，将相关的旅游景点、交通、休闲、娱乐、餐饮、文化、购物系统化地整合到了一起，组成了一个全方位的服务网络，具有覆盖面广、效率高、成本低等特征，能弥补传统旅游企业无法满足旅游者多样化需求的不足，为旅游者提供多样化服务。如美国一些大型旅游电子商务服务企业供旅游者选择的旅游产品多达3万~4万种，这在传统旅游企业是无法想象的。在我国，随着旅游行业竞争日益激烈，各旅游企业纷纷利用智慧旅游电子商务，生动、立体地展示自身的旅游产品特色，进行网上售前推介，宣传旅游产品的经营绩效，打造旅游品牌和信誉；外延旅游周边产业，除向旅游者提供旅游核心产品外，还开展餐饮、住宿、订票、租车、网上支付、网上咨询、网上洽谈等多样化服务。不仅如此，旅游者也可以在智慧旅游电子商务平台购买旅游产品、景区纪念品、导游服务等。可见，智慧旅游电子商务化大大丰富了旅游服务形式，旅游企业以其多样化的旅游服务满足旅游者多样化需求，是其在旅游市场制胜的关键。

（四）降低旅游企业经营成本

智慧旅游电子商务的发展可以提高旅游企业的经营效率和竞争能力，在一定程度上降低旅游企业的经营成本。这是因为传统旅游企业主要通过报纸、杂志、电视、广播等媒体传递信息，旅游者由此所获取的旅游信息仅局限于旅游线路、往返交通工具、居住旅馆、旅游产品价格等；以电话、邮件、传真作为主要的联系方式，其运营成本往往较高。智慧旅游电子商务将旅游产品及相关信息的发布、订购、支付、售后服务等功能集于一身，以电子流代替实物流，使旅游企业、旅游代理商、旅游者之间通过网络进行信息沟通、传递，突破时空限制，可以大大节省经营的人、财、物费用支出，并使旅游者节省信息搜寻成本，减少信息搜寻时间。旅游企业可以和旅游者进行直接交易，提供预订服务，不用面临复杂、费力的物流配送问题，甚至可以省去物流环节，从而减少旅游市场的中介费用，节约成本支出。旅游企业还可以应用智慧旅游电子商务创新经营模式，形成以"旅游者为中心"的消费市场，并借助智慧旅游电子商务方便与其他企业建立网络型商务联系，促进旅游交易与旅游行为的发生，给旅游业带来新的发展动力，从而大大降低交易成本。

第二节　智慧旅游电子商务模式

随着电子商务的发展，已经有越来越多的传统电子商务网站开辟了旅游这一功能，而旅游类电子商务网站也逐步向多元化发展，已经不再是单一地订购门票和旅游线路了，旅游类网站开始逐渐走向"出行一站式"服务的路线。智慧旅游电子商务是因特网、物联网、云计算等发展的产物，是网络技术在旅游业中的全新应用。因其具有费用低、效率高、超时空、社会化及虚拟化的特点，对传统的商务模式提出了巨大的挑战。它不仅会改变整个旅游企业的生产、经营和管理活动，还会影响整个旅游经济的运行与结构。

智慧旅游电子商务模式是旅游企业和机构利用互联网营销旅游产品，并借此持续获取利润的方式，即构成旅游电子商务模式的诸要素不同的组合形式及旅游电子商务运营管理的方式和方法。智慧旅游电子商务的构成要素主要包括网络、旅游企业、旅游者、网上银行、认证中心和政府相关职能部门等，涉及信息流、资金流和服务流。相信不久的将来，旅游类电子商务网站将为人们的出行、住宿、旅游等提供一系列完善且便利的服务。

一、B2C 智慧旅游电子商务模式

B2C 智慧旅游电子商务模式，即电子旅游零售，俗称旅游零售，是旅游企业向消费者提供电子商务服务的形态。交易时，旅游散客先通过网络获取旅游目的地信息，然后在网上自主设计旅游活动日程表，预订酒店客房、车船机票等，或报名参加旅行团。对旅游业这样一个旅客高度地域分散的行业来说，B2C 智慧旅游电子商务模式更方便旅游者远程搜索、预订旅游产品，克服信息不对称里带来的交易阻力。通过智慧旅游电子商务网站订房、订票，是应用最为广泛的电子商务形式之一。另外，B2C 智慧旅游电子商务模式还包括旅游企业向旅游者提供拍卖旅游产品的服务，由旅游电子商务网站提供中介服务等。就网站而言，B2C 的商业模式对规模经济的需求决定了网站需要向尽量多的网民提供酒店、机票和线路预订服务，并提供充分的信息和进行及时的沟通。目前 B2C 旅游网站提供给用户的主要服务项目可以归纳为三类。

（一）信息查询服务

信息查询服务，包括旅游服务机构的相关信息（如酒店、旅行社及航班等信息）、旅游景点信息、旅游路线信息，旅游常识、货币兑换、天气、环境、人文等信息以及旅游观感等。

（二）在线预订服务

在线预订服务，主要提供酒店客房、机票预订、旅行社旅游路线、自助游度假产品、租赁服务等方面的实时和动态的在线预订业务。

（三）客户服务

客户服务，提供可实施 Internet 在线产品预订的客户端应用程序，客户（只通过系统预订的个人及机关团体）可以与代理人（指酒店、航空公司、旅行社等相关旅游服务机构）进行实时的网上业务洽谈，管理自己的预订记录。

二、B2B 智慧旅游电子商务模式

B2B 智慧旅游电子商务模式是指企业之间通过网络信息手段实现一对一或一对多的交易，如采购、分销等。在智慧旅游电子商务模式中，B2B 交易的主要内容包括以下几个方面。

第一，旅游企业之间的产品代理，如旅行社代订机票、宾馆客房、饭店等，旅游代理商代售批发商组织的旅游线路产品。

第二，两家或多家旅行社组团经营同一条旅游线路，由于出团时间相近，在每个旅行社的客人较少的情况下，旅行社可在征得游客同意后将客源合并，由一家旅行社单独操作，降低运作成本，实现规模运作。

第三，旅游地接社批量订购当地宾馆客房、饭店、景区门票。

第四，客源地组团社与目的地地接社之间的委托、支付关系。

以上四种都属于 B2B 的运营模式。B2B 电子商务模式的运营提高了旅游企业间的信息共享和对接运作效率。按照 B2B 交易平台的经营者不同，可将其分为旅游网上交易市场和旅游网上商务。旅游网上交易市场是提供给企业进行旅游产品交易，并由第三方经营的旅游电子商务平台，它的收益来源主要是交易提成、广告收入和其他服务收费。旅游网上商务指的是旅游企业在互联网上注册网站，向其他企业提供旅游服务或旅游商品的旅游电子商务平台。

三、O2O 智慧旅游电子商务模式

目前，电子商务已经改变了大众的生活方式，但在日常生活中人们还是离不开实体店。将线上客源与实体店消费进行对接，其中蕴含着巨大的商机，就是在这种环境下产生了 O2O 模式。

线上，互联网是交易的前台，消费者可以在线上筛选服务，成交后也可以在线结算；线下，消费者可以自主享受服务，就是将线下商务的机会与互联网结合在一起，让互联网成为线下交易的前台。这样线下服务就可以用线上来揽客，消费者可以用线上来筛选服务，还能在线结算，并很快达到规模。而团购极大地促进了 O2O 模式的发展。

O2O 模式最主要的特点是推广效果可查，每笔交易可跟踪。无论是飞机票预订、酒店预订、旅游线路预订，还是各种票券的预订，都是互联网最好的诠释。

对 O2O 模式而言，与实物电子商务最大的不同是本身没有物流配送，最大的挑战来自消费者对线下服务的认可程度。服务类行业存在很多不确定因素，保障服务质量将促进是 O2O 模式发展的最主要因素之一。

总的来说，O2O 模式就是一种线上虚拟经济与线下实体店面经营相融合的新型商业模式。而我们也越来越多地体验到它给我们带来的便利，如价格便宜，且可以及时获得折扣信息等。当然，作为一种新型的商业模式，O2O 也存在一些不足，比如商家审核不到位导致服务质量得不到保证，网站还不完善等。但是 O2O 模式的发展前景是不容忽视的，还有巨大的发展潜力，如可以将商家（有实体店的）按地域进行划分，朝着生活服务类折扣商城的形式发展。

四、C2B 智慧旅游电子商务模式

C2B 交易模式是由旅游者提出需求，然后由旅游企业通过竞争满足旅游者的需求，或者由旅游者通过网络结成群体与旅游企业讨价还价，旅游者在此过程中处于相对强势的地位。C2B 智慧旅游电子商务模式主要通过电子中间商，如专业旅游网站、门户网站旅游频道等进行。这类电子中间商提供一个虚拟开放的网上中介市场的信息交互平台。旅游者可以直接在网上发布需求信息，旅游企业查询

后双方通过交流自愿达成交易。

C2B 智慧旅游电子商务模式的核心是通过聚合庞大的用户形成一个强大的采购集团，以此来改变 C2B 模式中用户一对一出价的弱势地位，使之享受到以大批发商的价格买到一件旅游产品的利益。

C2B 智慧旅游电子商务模式主要有两种实现途径：第一种途径是客户结成团队，主动和商家进行磋商，完成交易；第二种途径是客户在某个网站平台上形成人气，使得商家不得不前往这个平台寻求消费者，以期达成协议，完成交易。

C2B 智慧旅游电子商务模式主要有两种形式。第一种形式是反向拍卖，也就是竞价拍卖的反向过程。先由旅游者提供一个价格范围，求购某一旅游服务产品，再由旅游企业出价，出价可以是公开的或是隐蔽的，旅游者将选择认为定价合适的旅游产品成交。这种形式对于旅游企业来说吸引力不是很大，因为单个旅游者预订量较小。第二种形式是网上成团，即旅游者提出设计的旅游路线并在网上发布，吸引其他相同兴趣的旅游者。通过网络信息平台，当愿意按同一条线路出行的旅游者汇聚到一定数量时，他们再请旅行社安排行程，或直接预订饭店、客房等旅游产品，可增加与旅游企业议价并得到优惠的机会。

C2B 智慧旅游电子商务模式利用信息技术带来的信息沟通面广和成本低廉的特点，特别是网上成团的运作模式，使得传统条件下难以兼得的个性旅游需求满足于规模化组团，同时有效降低了成本。C2B 智慧旅游电子商务是一种需求方主导型的交易模式，它体现了旅游者在市场交易中的主体地位，对帮助旅游企业更加准确和及时地了解客户的需求，对实现旅游业向产品丰富和个性满足的方向发展起到了促进作用。

五、C2C 智慧旅游电子商务模式

相对于较为成熟的 B2C 与 B2B 智慧旅游电子商务模式，C2C 智慧旅游电子

商务模式尚处于不成熟阶段。但是随着电子商务活动的普及，以及 C2C 模式相对低廉的营销与运作成本，C2C 智慧旅游电子商务模式已日渐成为中小型旅游企业进行网络营销及个人创业的利器，蕴含着极大的发展潜能。就目前而言，国内的 C2C 智慧旅游电子商务主要以两种模式存在。

（一）网店模式

网店模式是指中小型旅游企业或个人在网上开设网店，营销旅游相关产品，目前的交易主要集中于旅游商品销售、家庭旅馆预订以及小型旅行社或个体导游网上招客、组团等。

（二）互助游模式

互助游，又名交换游，被称为继随团游、自助游后最具革命性的旅行方式。通俗地说，互助游就是互相帮助、交换进行旅游。

C2C 模式中业绩较好的个人经营者，随着业务量的不断增长也可以注册使用 B2C 模式。事实上，许多中小型旅游企业现已横跨这两大平台。

现阶段在线旅游可大致分为四类：一是以提供酒店、机票、度假等预订服务为主的网站；二是以提供酒店、餐饮等点评和推介为主的网站；三是以提供旅游搜索为主的搜索引擎；四是以提供旅游信息为主的旅游媒体。

目前，在线旅游市场成为传统电商竞技的新阵地，各大互联网巨头纷纷进军旅游业，加入在线旅游市场，推出各自的旅游产品预订服务。其他旅游垂直网站也获得了资本的关注。众多传统旅行社也已经开始上线自家公司的线上平台，展示和分销产品。未来在线旅游的竞争将更加激烈。

第三节　智慧旅游电子商务的支付手段

在传统旅游业中，支付功能往往是通过前台支付来完成的。随着智慧旅游的兴起以及旅游电子商务的发展，支付手段的更新被提到日益重要的地位，支付功能必须适应信息化的要求而有新的变化，这就促使旅游企业必须考虑新的应对方案。在这种背景下，越来越多的旅游电子商务企业开始使用电子支付功能来满足需求，进而提高企业的服务质量和盈利能力。

一、网上支付

（一）网上支付的概念

电子支付是指从事电子商务交易的当事人，包括消费者、厂商和金融机构，通过信息网络，使用安全的信息传输手段，采用数字化方式进行的货币支付或资金流转。网上支付是电子支付的一种形式，它是通过第三方提供的与银行之间的支付接口进行的及时支付方式。这种方式的好处在于可以直接把资金从用户的银行卡转账到网站账户中，汇款马上到账，不需要人工确认。

（二）网上支付系统的组成

网上支付需要多个要素的共同协作才能完成，其具体组成要素有六个。

1. 网络交易平台

电子商务基于网络交易平台进行运作，网络交易平台需要支持网络支付工具，如电子支票、信用卡、电子现金等。

2. 电子商务交易主体

电子商务交易主体主要包括买卖双方，也称为商家和客户。

3. 支付网关

支付网关是完成银行网络和因特网之间的通信和协议转换，进行数据的加解密，保护银行内部网络安全的一组服务器，它是互联网公用网络平台和银行内部金融专用网络平台之间的安全接口。一般而言，网上支付的信息必须通过支付网关处理后，才能进入银行内部的支付结算系统。

4. 银行系统

银行系统主要包括金融服务机构、客户银行和商家银行。其中，客户银行又被称为发卡行，是指为客户提供资金账户和网络支付工具的银行；商家银行又被称为收单行，是指为商家提供资金账户的银行。

5. 认证中心

认证中心是交易各方都信任的、公正的第三方机构，当商家与用户进行网上交易时为各方颁发电子证书。在交易行为发生时，对电子证书和数字签名进行验证。

6. 法律和诚信体系

法律体系由国家及国际相关法律、法规予以支撑，而诚信体系则要依靠社会的共同促成和维护。

（三）网上支付的特点

与传统支付方式相比，网上支付具有如下特点。

第一，网上支付是采用先进的技术，通过数字流转来完成信息传输的，其各种支付方式都是采用数字化的方式进行款项支付；而传统支付方式则是通过现金流转、票据的转交及银行的汇兑等物理实体的流转来完成款项支付。

第二，网上支付的工作环境是基于一个开放的系统平台（互联网），而传统支付则是在较为封闭的系统中运作。

第三，网上支付使用的是最先进的通信手段，如互联网、互联网而传统支付使用的则是传统的通信媒介。网络支付对软、硬件设施的要求很高，一般要求有联网的计算机、相关的软件及其他一些配套设施，而传统支付则没有这么高的要求。

第四，网上支付具有方便、快捷、高效、经济的优势。用户只需将手机或电脑等设备连接到互联网，便可足不出户，在很短的时间内完成整个支付过程。支付费用仅相当于传统支付的几十分之一，甚至几百分之一。网络支付可以突破时间和空间的限制，可以适应全天候的工作模式，其效率之高是传统支付望尘莫及的。

（四）网上支付工具

从世界各国发展网上支付所采用的支付工具和手段来看，主要有电子现金、银行卡、数字支票、电子钱包四种。

1. 电子现金

电子现金又称为电子货币、数字现金或数字货币，是一种表示现金加密的加密序列数。它可以用来表示现实中各种金额的币值。电子现金以数字信息形式存在，通过互联网流通，但比现实货币更加方便、经济。

2. 银行卡

目前，基于银行卡的支付有四种类型。

第一种，无安全措施的银行卡支付。买方通过网上从卖方订货，而银行卡信息通过电话、传真等非网上传送，或者银行卡信息在互联网上传送，但无任何安全措施，卖方与银行之间使用各自现有的银行商家专用网络授权来查询银行卡的真伪。

第二种，通过第三方代理人的支付。改善银行卡事务处理安全性的一个途径就是在买方和卖方之间启用第三方代理，目的是使卖方看不到买方银行卡信息，避免银行卡信息在网上多次公开传输而导致的银行卡信息被窃取。

第三种，简单银行卡加密。使用简单加密银行卡模式付费时，当银行卡信息被买方输入浏览器窗口或其他电子商务设备时，银行卡信息就被简单加密，安全地作为加密信息通过网络从买方向卖方传递。

第四种，SET 银行卡方式。SET 协议保障了 Internet 上信用卡支付的安全性，利用 SET 协议制定的过程规范，可以实现电子商务交易过程的机密性、认证性、数据完整性等安全要求。SET 提供商家和收单银行的认证，是目前用信用卡进行网上支付的国际标准。

3. 电子支票

电子支票是一种借鉴纸张支票转移支付的优点，利用数字传递将钱款从一个账户转移到另一个账户的电子付款形式。电子支票主要用于企业与企业之间的大额付款。电子支票的支付一般是通过专用的网络、设备、软件及一整套的用户识别、标准报文、数据验证等规范化协议完成数据传输，从而可以有效保证安全性。

4. 电子钱包

电子钱包，也称为数字钱包，是用来存储电子货币并被顾客用来作为电子商务购物活动中常用的，尤其在小额购物或购买小商品时常用的一种支付工具。电子钱包有两种概念：一是纯粹的软件，主要用于网上消费、账户管理，这类软件通常是与银行卡账户连接在一起的；二是小额支付的智能充值卡，持卡人预先在卡中存入一定的金额，交易时直接从储值账户中扣除交易金额。

二、网络银行

（一）网络银行的概念

网络银行又被称为因特网银行、在线银行、虚拟银行，诞生于 20 世纪 90 年代，是银行组织和现代信息技术的相互碰撞的产物，是银行业自身组织形式不断演进呈现出的一种高级形态。它是指银行利用通信和计算机网络技术，通过建立自己的 Internet 网站和 Web 页面，在 Internet 上为客户提供开户、销户、查询、对账、行内转账、跨行转账、信贷、网上证券、投资理财等银行金融服务项目，使客户足不出户就能够安全、便捷地管理活期和定期存款、支票、信用卡及个人投资等。

（二）网络银行的构成

下面主要从技术、组织和业务的角度来研究网络银行的构成。

1. 技术构成

网络银行系统主要由 Web 服务器、交易服务器、客户服务代表工作站、数据库服务器、过滤路由器等构成。

2. 组织构成

一般而言，传统商业银行往往由网络银行实际操作和管理，而新创立的网络银行往往整个银行就相当于一个网络银行部。网络银行部的形成通常有三种形式：一是从银行原有的信息技术部演变而来；二是创立新的网络银行部；三是对原有的信息技术部、银行卡部或信用卡部和服务咨询部等多个部门的相关业务水平进行整合而形成。

由于网络银行部的业务目标与信息技术有所不同，因此网络银行部的设置与纯粹的信息技术部有所差别。无论是以哪一种方式生成的网络银行部，都会在组织结构上体现出这种不同。商业银行中较为完整的网络银行部一般由市场推广部（又称市场部）、客户服务部（又称客户部、信用卡部、银行卡部）、信息技术部（又称科技部、技术部）、财务部和后勤部组成。

3. 业务构成

网络银行的业务构成随着网络银行的发展和完善将有所发展，一般认为，网络银行的基本业务构成如下。

首先，基本技术支持业务，如网络技术、数据库技术、系统软件和应用软件技术的支持，特别是网络交易安全技术的支持，使网络银行业务得以不断拓展。

其次，网络客户服务业务，如客户身份认证、客户交易安全管理、客户信用卡或银行卡等电子货币管理及客户咨询等。

最后，网络金融品种及服务，如网络财经信息查询、网络股票交易、申请信用卡及综合网络金融服务等。

（三）网络银行的特点

网络银行随着 Internet 的普及和电子商务的发展而崛起，它依托于传统的银行业务，却又带来了不可忽视的变革，极大地拓展了传统的电子银行业务功能。无论是在运行机制，还是在服务功能上，网络银行相对于传统银行有着极大改变和扩充，具有独特的特点。

1. 时空的无限化

网络银行不存在分支机构，其运作和地理位置无关。网络银行可以在任何时间（anytime）、任何地点（anywhere），以任何方式（anyway）为客户提供不受时空限制的服务，因此也被称为"3A"银行。

2. 服务的智能化

传统银行的运作主要借助于硬件设施和员工的工作为客户提供金融服务。而网上银行的运作主要依靠软件系统开展业务，它能提供更全面、高效、迅速的服务。消费者只需要访问金融机构的网站，就可以在获得授权的情况下办理各种业务。

3. 运作方式的全新化

网络银行采用电子支付手段支持自身的运作，带来全新的运作方式——业务和办公流程的无纸化经营。该运作方式的变化为银行带来明显的经济效益，最直接的体现就是运营成本的降低。

（四）网络银行的发展模式

网络银行有两种发展模式：一种是完全依赖于 Internet 发展起来的全新电子银行，这类银行的所有业务、交易和服务完全依赖于网络展开；另一种则是利用计算机网络、无线网络和 Internet 开展的传统银行的金融业务与服务。我国目前所有的网络银行都是采用类似于后者的运作方式。

三、移动支付

（一）移动支付的概念

移动支付是一种在移动设备上进行商务活动的方式，是指参与交易的双方为了得到所需的产品和服务，通过移动终端（手机、掌上电脑等）和移动通信网络实现交易的一种现代化手段。移动支付系统为每位手机用户创建一个与其手机号码关联的支付账号，用户通过手机即可进行现金的划转和支付。

（二）移动支付体系的构架

移动用户可通过短信（SMS）、无线应用协议（WAP）、语音（IVR）、移动零售（POS）、Web方式接入移动支付系统。

（三）移动支付的业务类型

移动支付的业务类型包括以下几种。

1. 手机小额服务

手机小额服务主要是用手机账户或特制的小额账户完成支付功能。一般采用SMS、WAP、USSD等实现，通过将手机绑定银行卡、网络银行为小额账户充值，通过运营商提供业务、管理用户账户，第三方交易服务提供商提供支付平台，付费采用预付费实时扣除、后付费记账等方式完成。

2. 金融移动服务

移动运营商与金融机构合作，将手机与银行卡绑定，从银行卡支付交易金额。金融移动服务一般由运营商提供信道，目前主要是采用短信模式，银行负责资金管理、结算等。这种服务的付费采用实时扣除模式，并支持信用卡支付。

3. 公共事业缴费

在银行营业网点开办，通过移动支付业务进行公共事业缴费，并在第三方平台通过移动网络通知用户确认交易。

（四）移动支付的运作模式

目前移动支付的运作模式主要分为银行运作、运营商运作和第三方运作。

1. 银行运作模式

通过专线将银行网络与移动通信网络进行互连，将银行账户与手机账户进行绑定，电信运营商为银行提供渠道。

2. 运营商运作模式

以用户的手机话费账户等小额账户作为移动支付账户进行消费，如手机钱包业务。

3. 第三方运作模式

通过搭建独立于银行和移动运营商的第三方移动支付平台，连接客户、银行及 SP（服务提供商），并负责客户银行账户与服务提供商银行账户之间的资金划拨和结算。

除以上几种智慧旅游电子商务的支付手段之外，第三方支付日渐兴盛。它因拥有款项收付的便利性、功能的可拓展性、信用中介的信誉保证等，使得其成为目前最主流的网络支付模式。典型的第三方支付平台有支付宝、微信支付等。

第四节　智慧旅游电子商务的安全风险

智慧旅游电子商务的安全成为阻碍智慧旅游电子商务普及和深入发展的巨大障碍，因为任何个人、企业或商业机构以及银行都不会使用一个不安全的系统进行商务交易。

一、智慧旅游电子商务安全概述

（一）智慧旅游电子商务安全威胁

随着电子商务在全球范围内的快速发展，电子商务中的网络安全问题日渐突出。智慧旅游电子商务中的网络安全和交易安全问题是实现电子商务的关键所在。智慧旅游电子商务中的安全隐患可分为以下几类。

1. 信息的截获和窃取

如果没有采用加密措施或加密强度不够，攻击者可能通过互联网、公共电话网、搭线、电磁波辐射范围内安装接收装置或在数据包通过的网关和路由器上截获数据等方式，获取机密信息，如旅游消费者的银行账号、密码以及旅游企业的商业机密等。

2. 信息的篡改

当攻击者熟悉网络信息格式之后，通过各种技术方法和手段对网络传输的信息进行中途修改，并发往目的地，从而破坏信息的完整性。这种破坏手段主要有三种方式：第一，篡改。改变信息流的次序，更改信息的内容，如购买商品的出货地址。第二，删除。删除某个消息或消息的某些部分。第三，插入。在消息中插入一些信息，让接收方读不懂或接收错误的信息。

3. 信息假冒

当攻击者掌握网络信息数据规律或揭秘商务信息以后，可以假冒合法用户或发送假冒信息来欺骗其他用户，主要有两种方式：方式一，伪造电子邮件，虚开网站和商店，给用户发电子邮件，接收订货单；伪造大量用户，发电子邮件，穷尽商家资源，使合法用户不能正常访问网络资源，使有严格时间要求的服务不能及时得到响应；伪造用户，发大量的电子邮件，窃取商家的商品信息和用户信用信息。方式二，假冒他人身份，如冒充领导发布命令、调阅密件；冒充他人消费、栽赃；冒充主机欺骗合法主机及合法用户；冒充网络控制程序，套取或修改使用权限、通行字、密钥等信息；接管合法用户，欺骗系统，占用合法用户的资源。

4. 交易抵赖

交易抵赖包括多个方面，如发信者事后否认曾经发送过某条信息或内容，收信者事后否认曾经收到过某条消息或内容；购买者不承认确认了订货单；商家卖出的商品因价格差而不承认原有的交易。

（二）智慧旅游电子商务安全需求

智慧旅游电子商务面临威胁的时候，体现出对智慧旅游电子商务安全的需求。一个真正安全的智慧旅游电子商务系统要求具有机密性、完整性、认证性、不可抵赖性、有效性。

1. 机密性

电子商务作为贸易的一种手段，其信息直接代表着个人、企业或国家的商业机密。传统的商业贸易都是通过邮寄封装的信件或通过可靠的通信渠道发送商业报文来达到保守商业机密的目的。智慧旅游电子商务是建立在一个较为开放的网络环境上的，维护商业信息机密是智慧旅游电子商务全面推广应用的一个重要保障。因此，要预防信息的非法存取和信息在传输过程中被非法窃取。机密性一般通过加密技术对传输的信息进行加密处理来实现的。

2. 完整性

智慧旅游电子商务简化了贸易过程，减少了人为的干预，同时也带来了维护贸易各方商业信息的完整性、一致性的问题。数据输入时的意外差错或欺诈行为，可能导致贸易各方信息的差异。此外，数据传输过程中信息的丢失、信息重复或信息传送的次序变化也会导致贸易各方信息的不同。贸易各方信息的完整性将影响到贸易各方的交易和经营策略，保持贸易各方信息的完整性是旅游电子商务应用的基础。因此，要预防对信息的随意生成、修改和删除，同时要防止数据传送过程中信息的丢失和重复并保证信息传送次序的一致。完整性一般可通过提取信息消息摘要的方式来获得。

3. 认证性

由于智慧旅游电子商务系统是建立在网络的基础上的，旅游企业或个人通常都是在虚拟的网络环境中进行交易，因此对个人或旅游企业实体进行身份性确认成为智慧旅游电子商务中非常重要的环节。对个人或实体的身份进行鉴别，为身份的真实性提供保证，即交易双方能够在网络环境中（相互不见面的情况下）确认对方的身份。这意味着当某人或实体声称具有某个特定的身份时，鉴别身份服务将提供一种可靠的方法来验证其声明的正确性，一般均通过 CA 认证和证书来实现。

4. 不可抵赖性

智慧旅游电子商务可能直接关系到贸易参与各方的商业交易，如何确定要进行交易的贸易各方正是进行交易所期望的贸易方这一问题是保证智慧旅游电子商务顺利进行的关键。在无纸化电子商务模式下，通过手写签名和印章来进行贸易方的鉴别已是不可能的，这就要求在交易信息的传输过程中为参与交易的个人、旅游企业提供可靠的标识。不可抵赖性主要通过对发送的消息进行数字签名来获取。

5. 有效性

电子商务以电子形式取代纸张，使得如何保证这种电子形式的贸易信息的有效性成为开展电子商务的前提。电子商务信息的有效性关系到个人和旅游企业的经济利益与声誉，因此要对网络故障、操作错误、应用程序错误、硬件故障、系统软件错误及计算机病毒所产生的潜在威胁加以控制和预防，以保证交易数据在确定的时刻、确定的地点是有效的。

二、智慧旅游电子商务安全技术

信息安全是智慧旅游电子商务的核心研究领域。智慧旅游电子商务系统依赖于互联网的信息系统，其安全问题依赖于网络信息系统的安全，保证传输信息的安全成为旅游电子商务顺利进行的重要因素。目前，常用的智慧旅游电子商务信息安全技术有数据加密技术、数字签名技术、数字信封和数字时间戳、数字证书和 CA 认证中心。

（一）数据加密技术

数据加密技术是网络中最基本的安全技术，主要是通过对网络中传输的信息进行数据加密来保障其安全性，这是一种主动安全防御策略，用很小的代价即可为信息提供相当大的安全保护。

"加密"是一种限制对网络上传输数据访问权的技术。原始数据（也称为明文，plaintext）被加密设备（硬件或软件）和密钥加密而产生的经过编码的数据称为密文（ciphertext）。将密文还原为原始明文的过程称为解密，它是加密的反向处理，但解密者必须利用相同类型的加密设备和密钥对密文进行解密。

数据加密是确保计算机网络安全的一种重要机制，是实现分布式系统和网络环境下数据安全的重要手段。一般加密的基本功能有防止不速之客查看机密的数据文件、防止机密数据被泄露或篡改、防止拥有特权的用户查看私人数据文件、使入侵者不能轻易地查询到一个系统文件。

（二）数字签名技术

数字签名的定义为，附加在数据单元上的一些数据，或是对数据单元所做的密码交换，这种数据和交换允许数据单元的接收者用以确认数据单元来源和数据单元的完整性，并保护数据，防止被人（如接收者）伪造。

数字签名是一种确保数据完整性和原始性的方法，它可以提供有力的证据，表明自从数据被签名以来数据尚未发生更改，并且它可以确认对数据签名的人或实体的身份。数字签名实现了"完整性"和"认可性"这两项重要的安全功能，而这是实施安全电子商务的基本要求。

数字签名主要是为了证明发件人身份，它通过以下步骤来实现。

步骤一，发信者在发信前使用哈希算法求出待发信息的数字摘要。

步骤二，发送者使用公开密钥技术，利用自己的私钥对这个数字摘要进行加密并形成一段信息，这段信息称为数字签名。

步骤三，发信时将这个数字签名信息附在待发信息后面，通过互联网，一起发送给接收者。

步骤四，收信者收到包含数字签名的信息后，一方面用发信者的密钥对数字签名部分进行解密，得到一个摘要 H。另一方面，收信者收到的信息本身会用哈希算法求出另一个摘要 H'，再把 H 和 H' 相比较，若相同，说明发送的信息和接收到的信息是一致且真实的，数字签名有效，否则收到的信息不是发送方所发送的真实信息，签名无效，在发送信息的过程中信息被人篡改了。

数字签名使收信者可以确定文件确实是由发送者发送的，并且签名所采用的私钥只由发送者自己保管，他人无法做出一样的签名，从而发送者无法否认信息是由自己发送的，数字签名解决了发送信息的完整性和不可否认的问题。

三、数字信封和数字时间戳

数字信封是用加密技术来保证只有特定收信人才能阅读信的内容。在数字信封中，信息发送方采用对称密钥来加密信息，然后将此对称密钥用接收方的公开密钥来加密（这部分称为数字信封）之后，将它和信息一起发送给接收方，接收方先用相应的私有密钥打开数字信封，得到对称密钥，然后使用对称密钥解开信息。这种技术的安全性相当高。

数字信封采用密码技术来保证只有规定的接收人才能阅读信息的内容。数字信封中采用了对称密码体制和公钥密码体制。信息发送者首先使用随机产生的对称密码加密信息，再利用接收方的公钥加密对称密码，被接收方的公钥加密后的对称密码称为数字信封。在传递信息时，信息接收方若要解密信息，必须通过自己的私钥对数字信封进行解密，才可得到对称密码，才能利用对称密码解密所得到的信息。这样就保证了数据传输的真实性和完整性。

数字时间戳技术就是数字签名技术的一种变种应用。在智慧旅游电子商务交易的文件中，时间是十分重要的信息。在成功的智慧旅游电子商务应用中，交易各方不能否认其行为，这其中需要在经过数字签名的交易上打上一个可信赖的时间戳，从而解决一系列的实际法律问题。数字时间戳的工作流程是首先用户用哈希算法对文件数据进行摘要处理；然后由用户提出时间戳的请求，哈希值被传递给时间戳服务器，时间戳服务器对哈希值和一个日期/时间记录进行签名，生成时间戳；最后，时间戳数据和文件信息被绑定后返还，用户进行下一步网上交易操作。

四、数字证书

数字证书是一种权威性的电子文档，有权威公正的第三方机构，即 CA 认证中心签发的证书。它以数字证书为核心的加密技术可以对网络上传输的信息进行加密和解密、数字签名和签名认证，确保网上传递信息的机密性、完整性。

在网上进行智慧旅游电子商务时，参与各方都须使用数字证书来表明自己的身份，并使用数字证书来进行相关的交易操作。通俗地讲，数字证书就是个人或单位在 Internet 上的身份证。数字证书主要包括三方面的内容：证书所有者信息、证书所有者信息的公开密钥和数字证书颁发机构（数字证书认证中心）的签名等。一个标准的 X.509 数字证书包括证书的版本信息、证书的序列号、证书所使用的签名算法、证书的发行机构名称及其用私钥的签名、证书的有效期和证书使用者的名称及其公钥的信息。

五、CA 认证中心

CA 认证中心，又称证书授证中心，作为旅游电子商务交易中受信任的第三方，承担公钥体系中公钥合法性检验的责任。CA 认证中心为每个使用公开密钥的用户发放一个数字证书，该证书的作用是证明证书中列出的用户合法拥有证书中列出的公开密钥。CA 认证中心的数字签名使得攻击者不能伪造和篡改证书。CA 认证中心负责产生、分配并管理所有参与网上交易的个体所需的数字证书，因此是电子安全交易的核心环节。

一般情况下，数字认证中心负责发行数字证书时，必须证实个人或组织身份和密钥所有权，因为证书是由社会上公认的公正的第三方发行。若它发行的证书形成不恰当的信任关系，则第三方认证中心就要承担责任。CA 认证中心的职能有证书的申请，证书的审核、证书的发放、证书以及持有者身份认证查询、证书的归档、证书的撤销、证书的更新、证书废止列表的管理功能、CA 的管理功能、CA 自身密钥的管理功能。

第五节　智慧旅游电子商务模式新探索

一、互联网时代的旅游商业模式

网络和移动互联网为核心的数字技术，带来了旅游供应方和需求方的信息化，如政府部门电子政务化、企业经营电子商务化，同时伴生新的旅游在线代理渠道商、旅游媒介商等在原有产业体系中没有的互联网旅游企业，促生了新的商业模式。

在旅游电子商务新的商业模式中，旅游电子商务的服务对象是旅游管理部门、游客、旅游网络运营商及各种旅游相关企业。

旅游管理部门是旅游行业电子商务管理的行政主体，规范和监管旅游市场，保障旅游电子商务运行环境；提供旅游资源的要素企业是商业模式的核心，旅游要素企业包括旅游景区、酒店、娱乐服务商、购物服务商、航空公司、租车公司等，它们除了将自己的产品通过渠道商销售外，有的还开发了自己的直销网站或App系统进行产品直销；旅游渠道供应商是旅游电子商务的主体，包括传统旅行社、旅游在线代理商；旅游媒介商是旅游电子商务中活力最强的一部分，包括了无线旅游代理商、移动旅游垂直搜索、移动旅游网络社区、移动旅游点评平台、移动网络交易平台、移动企业无线预订平台、传统旅游应用供应商、移动网络运营商、独立的旅游应用供应商等，它们并不参与到旅游企业和游客的交易中，主要为游客和旅游企业提供信息传递。

（一）在线旅游企业代理中介服务商业模式

在线旅游企业通过和旅游资源要素企业，如酒店、航空公司、景区以及旅游经营商等签订协议，从其销售收入中提取一定比例的佣金。

在这种模式中,在线旅游企业扮演着交易平台的重要角色,其丰富、多元的旅游信息和便捷、安全的支付渠道,促进了游客的支付预订,也提升了旅游企业的盈利效率,最终引导旅游行业的变革。

(二)传统旅行社产品组合服务商业模式

传统旅行社在线下市场积累了多年资源和经验,有着丰富的旅游产品组合能力,过去主要以线下门店获取游客订单。随着互联网和移动互联网时代的到来,一些传统旅行社开始发展线上渠道,将线下资源与线上渠道相结合,开展线上产品选择和支付交易的旅游电子商务新模式。

消费者购买旅游产品是相对复杂的决策过程,前期的信息收集和产品筛选,对目的地和产品的详细咨询沟通,购买时的支付、签约和证照材料交接等。在此过程中,既需要线上的效率化和标准化服务体系,也需要面对服务的人际体验服务。传统旅行社多年积累的市场资源和经验,对于保证服务水平有极大的优势,旅行社实体店,在与线上平台的相辅相成之下,实体店的服务品质将得到进一步提高,并与线上平台携手开发更大的市场空间。

(三)移动旅游网络媒介服务旅游商业模式

移动旅游网络媒介包括移动旅游垂直搜索、移动旅游网络社区、移动旅游点评平台等,这些中介只是旅游企业与游客沟通的媒介,并不参与到旅游企业和游客的交易中。其中,移动旅游网络社区和移动旅游点评平台是以游客产生内容为主体的旅游媒介,而移动旅游垂直搜索是以旅游企业信息为主体的旅游媒介。

在这种模式中,移动旅游网络媒介扮演着信息接收与转换中枢的角色,旅游信息在游客旅游决策、旅游体验和旅游企业旅游经营、改革发展的过程中起到了关键的作用,而正是通过移动旅游网络媒介,旅游信息实现了互动交融,旅游信息的接收和传播方式在一定程度上决定了旅游业的发展效率。

（四）旅游资源要素企业形式丰富的旅游商业模式

旅游资源要素企业可以根据自身的发展需要，采用灵活多样的产品销售模式，既可以是代销，也可以是直销。

大型旅游企业选择在线直销模式，成为其树立品牌、建立客户关系和业绩增长的重要战略举措。旅游企业在线直销模式包括网络交易平台和旅游企业的无线App预订平台，直接面向游客的PC客户端或者移动智能设备（如手机等）端进行产品宣传和销售及售后服务，降低中间成本。

旅游企业在线直销模式是传统实体旅游企业由线下走向线上的重要战略，在线直销可以使旅游企业充分接触市场，第一时间针对旅游市场的变化改变产品和经营策略。多元化的直销模式也促进了旅游企业丰富的发展方向，进一步带动整个旅游行业的发展变革。

1. 旅游景区

目前，很多旅游景区已经和在线旅游网站或者手机App等移动平台建立了合作关系，在网站就可以买到门票，以散客形式出游的游客大多会选择在网上订购门票。同时，旅游景区也会在一些节日通过线上平台推出相应活动或者优惠来吸引散客。此外，很多线上平台的团购、抢购、秒杀、限时特价等渠道可以使游客获得较多的价格优惠。

2. 酒店

线上的便捷性决定其销售占比必定长期上升，同时线上的销售和酒店自身预订和库存系统对接能有效减少差错，并提高效率。几乎所有的酒店（包括宾馆、旅店、客栈、农家乐、个人公寓等）都看到了线上销售的便捷性和成长空间，通过各种策略和方式上线，有的主动报名加入在线旅行社（在线旅游服务网站或App）酒店库，也有的被动地让各大在线旅行社地推业务团队发掘登记入册，或者被酒店销售代理/批发商间接上网销售。

在线旅行社基于共享文化趋向于平台发展策略，以及垂直搜索引擎的共同作用，酒店价格被清楚地呈现出来，希望通过不透明的价格体系来获取利益最大化的想法，在线上已经越来越不现实。传统酒店为适应线上发展要求，必将改革自身产业链和路线图，以更好适应线上、线下融合发展的趋势。可以预测，未来的在线旅行社和酒店自身系统必将延续到入住和退房环节，大幅度减少人工。例如，客户在网上不但可以预订，还可以以类似买机票一样在网上输入身份信息/预付保证金，获取入住的二维码，到达酒店直接凭二维码（无须钥匙）入住（门锁直接识别二维码，人脸识别系统确认是否为本人），离店时自助打印账单。

线上、线下融合将对酒店的发展产生重要影响，酒店须清晰地了解自身客源的结构，梳理出合乎客户需求的产品、服务和对应的价格，确认适合自己的销售方式和渠道。

3. 旅游交通

旅游交通是连接游客来源地和旅游目的地的必要条件，"说走就走"旅游的本质是"走"，可以说交通是旅游产业"六要素"中的居于首位的要素。旅游交通在传统线下业态的基础上，较早将线下的资源通过线上平台推向其他旅游企业和游客。

飞机票、火车票、船票、汽车票都可以通过线上平台进行销售，游客可以在线预订、购买、支付，然后直接去飞机场、汽车站等取票乘坐交通工具，甚至可以直接凭借身份证或者二维码乘坐交通工具。

4. 度假租赁

度假租赁完全突破了既有的旅游资源要素企业格局，是共享经济环境下的创新。度假租赁是指除酒店外，度假公寓、聚会别墅、青年公寓、普通住宅等能够为游客提供短期留宿场所，并能够提供相关服务的、以共享经济为特征的商业模式。有的线上平台为用户提供各类型的"民宿"，让房产发挥剩余价值，也让游客获得更佳的居住环境。有的线上平台为用户提供各式各样的住宿信息，是一家联系旅游人士和家有空房出租的房主的服务型网站。作为游客一种新型的出行度假住宿选择，度假租赁能够为游客提供区别于酒店标准化服务的个性住宿体验。

目前度假租赁行业主要涉及四类公司：第一类是在线旅游公司；第二类是短租公司，这一类原来是放在分类信息网站里，然后才被单独抽取出来；第三类是完全线下的公司，类似"精品酒店"；第四类是高端专业 B2C 模式。

其中，在高端专业 B2C 模式中，有些高品质度假公寓预订平台，提供旅游地度假公寓的在线搜索、查询和交易服务结合本土特点，创新商业模式，将业主的旅游地不动产在自住之外多余的时间托管，以美国酒店管理品牌提供入户管家服务，既为旅行者提供了优质的度假新体验，又为业主提供了灵活的闲置资产托管增值服务。度假公寓是在旅游地提供酒店式管理和服务的可租赁公寓，集酒店、家庭于一身的住宿环境，既引进了星级酒店的服务功能和管理模式，又结合了公寓的居家感觉，具有居家体验、物超所值、房型多样、自在私密的特点，是一种新型的旅行住宿方式，适合全家出行、自由行、深度旅行和休闲养老。

综上所述，新的旅游电子商务模式提供了全方位的信息服务和支持，给了游客更多的产品选择路径和更高质量的旅游体验。新模式下，传统旅行社的生存不断受到挤压，面对日新月异、不断变化的旅游市场环境，必须在危机中寻找商机，寻求突破发展。在线代理商与旅游资源要素企业之间既有合作也有竞争，都在寻找自身发展的最佳模式。所有旅游企业，无论是旅游景区、旅行社、酒店、旅游交通公司中的航空公司、汽车公司等传统旅游企业，还是租车公司、服务租赁、假日租赁等新兴旅游企业，都可以借助"互联网+"思维，在销售渠道、业务范围、特色产品上下功夫，强化服务、市场以及产品的专业化，线下企业走到线上，线上企业走到线下，实现资本与产品融合、线上线下融合的智慧旅游电子商业模式。

二、从 OTA 到 OTS 的在线旅游发展模式

OTA（online travel agent）是指在线旅行社，是旅游电子商务行业的专业词语。OTA 天生具备互联网基因，善于运用云计算、大数据等先进技术工具方式将原来的旅行社销售模式放到网络平台上，更广泛地传递线路信息，互动式的交流方便客人的咨询和订购，在促进线下旅游企业发展的同时，自身也得到了迅速的发展，获得了资本市场的强大支持。

旅游业的核心资源主要集中在线下，线下资源要素企业有着天然优势，它们也可借助互联网实现资源整合，"线上 + 线下"联动打通，把互联网线上的消费者带到线下体验消费中去——通过在线支付购买线下服务，再到线下实体店中去享受服务。

同时，OTA 平台化发展，蛋糕分食者众多。从目前线上分销渠道的发展趋势来看，OTA 企业不再满足于单纯的渠道分销身份，而是利用现有用户资源，整合旅游过程中所涉及的各环节，形成平台化发展，从用户的出行、住宿、餐饮、门票等各环节进行把控，抢夺市场份额。同时，由于近年在线旅游的迅猛发展，传统线上流量入口也以不同形式参与竞争，从最初的信息集合者变为现在的市场参与者，同时航空公司、酒店等旅游资源要素企业，也都在利用不同的形式分食市场蛋糕，使得线上的旅游市场竞争愈发激烈。

为了拓展市场，获得资源优势，形成服务落地能力，OTA 在线旅游企业开始通过直采线下资源和服务等方式布局旅游目的地，向线下渗透。所谓直采，是指绕过出发地的旅行社批发商和供应商，直接向目的地的地接社、资源方采购产品和服务。直采模式可以通过提高供应链的效率和客户服务水平，降低采购成本，

提升毛利率。

在线旅游企业加速向线下资源布局，出现了一种新的企业形态或经营模式，有人称其为在线的资源型旅行社 OTS（online travel supplier）。

在线的资源型旅行社 OTS 是大数据时代旅行业发展的新模式，是以旅行服务为核心业务，超越一般的旅行代理和中介业务，以应用互联网和移动互联网及大数据技术为手段，通过直采旅游资源、按照市场需求设计策划产品、通过社交媒体和网络媒体等新媒体营销，以及在线预订和在线支付等电商平台，提供游客用户体验和满意度，从而提升企业的核心竞争优势，提高毛利收入，以促进企业的可持续发展。从长远角度看，在未来的竞争中无论是线上旅游企业还是线下旅行社，都需要在服务层面提质增效，加大在酒店、租车、票务、演出等实体资源上的布局力度，提高自身把控资源的能力。

OTS 正在成为"互联网 +"时代在线旅游企业和传统旅行社新的发展突破口。

（一）OTA 与 OTS 的相同点

OTA 与 OTS 具有以下相同点。

第一，在线化。OTA 和 OTS 都是以在线化为业务运营的基础，两者都重视信息技术在旅行服务和中介业务中的应用。

第二，在业务领域两者都是属于旅行业的业务。

（二）OTA 与 OTS 的不同点

OTA 与 OTS 具有以下不同点。

第一，业务内容。OTA 是单项产品的代订预订，OTS 是多项旅游产品的组合打包。

第二，品质控制。OTA 预订代订的酒店和机票、门票等产品品质已经固化，而 OTS 提供的旅行服务，有行程安排、导游领队接待、团队游客管理等，品质是在旅游产品生产消费过程中才能把控的，难度远远大于单项产品，易被投诉。

第三，组织构架和人员构成。OTA 主要是营销人员和运营服务人员，而 OTS 主要是旅行服务的计调人员、产品设计的旅行顾问或者旅游咨询师，以及导游领队、门店营销人员。

第四，产品单价和毛利。OTA 的单项旅行产品客单价（几百甚至上千）和代理佣金毛利（千分之二至千分之五）低，并且同质化严重，容易造成价格竞争；OTS 的跟团游或者是个性化定制团队产品客单价高（几千至几万）、毛利高（百分之五至百分之十八），有一定的品牌认知差异化。

第五，服务人群。OTA 多数是商旅客户或者是年轻人（"85 后""90 后"）等，OTS 服务客户多数是观光游、休闲度假游以及"60 后""70 后"等。

第六，技术创新。OTA 的多数创业者都是有计算机或者理科基因，所以在新技术应用方面和投入方面比较超前。相对而言，OTS 在技术应用方面选择比较成熟的技术，并且选择第三方技术服务承担开发和运营工作，以提高效率。

事实上，就在在线旅游加紧直采集、布局上游资源的同时，部分线下旅行社也开始加紧布局线上渠道，以摆脱对线上销售平台的依赖。从传统旅行社 TTA（traditional travel agent）到在线旅行社 OTA（online travel agent），从线下到线上融合，在未来，都将从"A"（agent）端走向"S"（serves）端，以旅途服务为核心不断壮大与完善企业发展的竞争力，从而促进旅游行业健康可持续发展。

参考文献

［1］郑红，贾然，周敏.旅游研究前沿书系：智慧交通理论与实务［M］.北京：旅游教育出版社，2021.

［2］赵黎明.旅游景区管理学（第三版）［M］.天津：南开大学出版社，2021.

［3］浙江省教育厅.协同的力量：浙江省高校管理育人理论与实践［M］.杭州：浙江工商大学出版社，2021.

［4］魏真，张伟，聂静欢.人工智能视角下的智慧城市设计与实践［M］.上海：上海科学技术出版社，2021.

［5］王兴斌，任国才.旅游百人谈（第一辑）［M］.北京：中国旅游出版社，2021.

［6］林璧属.旅游三十人论坛文集［M］.北京：旅游教育出版社，2021.

［7］屈立丰，陈文雯，周红亚，等.工业设计研究：第七辑［M］.青岛：中国海洋大学出版社，2021.

［8］郭金刚.煤炭老矿区转型发展研究 大同矿区"四元"协同模式创新与实践［M］.北京：中国发展出版社，2021.

［9］鲁枢元.生态文化研究资源库：人类纪的精神典藏 下册［M］.哈尔滨：哈尔滨出版社，2021.

［10］李磊.用教育润泽生命："学习共同体"主题课程案例集锦（2021）［M］.北京：华文出版社，2021.

［11］孙飞显.智能新时代的金融信息学［M］.北京：中国铁道出版社，2021.

［12］邵益生.中国城市发展报告（2020 / 2021）［M］.北京：中国城市出版社，2021.

［13］穆林.互联网时代的酒店管理［M］.北京：中国轻工业出版社，2021.

［14］熊剑平，卢丽蓉，蒋永业．金牌导游的成功之道［M］．北京：中国旅游出版社，2021.

［15］卢琪．课程与课堂［M］．天津：天津社会科学院出版社，2021.

［16］马海龙，杨建莉．智慧旅游导论［M］．银川：宁夏人民教育出版社，2020.

［17］戴斌．旅游 & 经济［M］．北京：旅游教育出版社，2020.

［18］钟海连，谢清果．贤文化理论体系建构与当代实践研究［M］．北京：九州出版社，2020.

［19］南京市江宁区全域旅游发展研究中心．江宁织造双面绣："五位一体"城乡统筹 全域旅游的江宁发展之路［M］．北京：中国旅游出版社，2020.

［20］肖平．图书馆服务效能提升理论与实践：成都市公共图书馆 2020 年学术年会论文集［M］．成都：西南交通大学出版社，2020.

［21］贺琳凯．基层政治与地方政府治理创新研究［M］．昆明：云南大学出版社，2020.

［22］吴必虎，聂委光．文旅产业的韧性与创新［M］．北京：中国旅游出版社，2020.

［23］贵州大学学报编辑部．教育与文化论丛（2020 卷）［M］．贵阳：贵州大学出版社，2020.

［24］赵周．边疆民族地区教育教学探索与创新［M］．昆明：云南大学出版社，2020.05.

［25］吴维海．"十四五"规划模型及制手册［M］．北京：中国金融出版社，2020.

［26］陈水雄．海峡两岸休闲农业发展（海南）研讨会十年论文精选［M］．北京：台海出版社，2020.

［27］周膺．杭州蓝皮书 2020 年杭州发展报告（文化卷）［M］．杭州：杭州出版社，2020.

［28］上海市住房和城乡建设管理委员会．世界城市日活动成果精粹．2019［M］．上海：上海科学技术出版社，2020.

［29］佛冈年鉴编纂委员会.佛冈年鉴2020［M］.广州:华南理工大学出版社,2020.

［30］中共北京市昌平区委党史办公室,北京市昌平区地方志办公室.北京昌平年鉴2020［M］.北京:中共党史出版社,2020.